LENGUA 5

Tercer trimestre

Carmen Bello Crespo
Tomás Bernal Regalado
Carlos Lluva Mera
José Luis Magarzo Jiménez
Pilar Zaragoza García

PRIMARIA
ANAYA
APRENDER ES CRECER

Índice

11 Un acertijo

15

Lee mejor

La lectura silenciosa

En el texto de la lectura, unos niños encuentran una caja fuerte, pero, como pasa con todas las cajas fuertes, no es fácil abrirla. Para conseguirlo deberán emplear su ingenio. Y tú deberás emplear tu concentración una vez más. Acompaña a los personajes de esta historia y descubre la palabra clave del acertijo con la que abrir la caja.

Haz una lectura en silencio, sin pronunciar los sonidos y sin señalar con el dedo las palabras del texto.

Minerva salta del agujero y Barbacana le tira el extremo de una cuerda mientras Jasón ata el otro extremo a la palmera. La joven pasa la cuerda alrededor de la caja, que parece de acero, y, luego, hace lo mismo con otra cuerda. Cuando termina, vuelve a trepar a la superficie y ayuda a los demás a tirar de las cuerdas para sacar la caja.

Les lleva un rato conseguir subirla hasta la superficie. Es una caja muy grande, con una gruesa puerta metálica que, en lugar de tener una cerradura, tiene una rueda con todas las letras del alfabeto.

—¡Vaya, es una caja fuerte! —dice Jonás Caracortada—. Para abrirla, tendríamos que saber la combinación...

—¿Y eso qué significa? —pregunta Estrella.

—¿Veis que la rueda tiene una aguja? Hay que girar esa aguja para señalar con ella, una tras otra, las letras de una palabra clave. El problema es que no sabemos cuál es esa palabra.

—Pronto lo sabremos —dice Minerva—. Allá abajo, junto a la caja, se hallaba este rollo de papel. Contiene un acertijo... Apuesto a que si lo resolvemos, habremos encontrado la palabra clave.

Lleno de impaciencia, el capitán le arrebata el rollo de papel a Minerva y, después de abrirlo, lo lee en voz alta:

Para abrir la caja tienen que saber
el nombre de un extraño y diminuto ser.

Por mucho que mires jamás las verás,
pero viven en el suelo y en muchos sitios más;
en el agua, en el aire y dentro de ti,
en tu boca, en tu vientre e incluso en tu nariz.

Algunas son malas y te hacen enfermar,
pero otras en cambio te ayudan a sanar.

Cuando el capitán termina de leer, todos se miran entre sí en silencio. Aquel último acertijo es, sin duda, el más difícil de todos.

—Vamos a ver —dice el capitán—. Unos seres tan pequeños que resultan invisibles... Que viven por todas las partes, ¡incluso dentro de las personas! En mi vida había oído nada tan raro.

—Pues no tiene nada de raro —le interrumpe el doctor Scaiola con sonrisa pícara—. Es un acertijo bien fácil, al menos para un médico, como yo. Si está más claro que el agua... Vamos, pensad un poco. ¿Es que nunca habéis oído hablar de *las bacterias*?

—¿Las bacterias?

—¡Las bacterias!

—¿Qué bacterias? —preguntan varias voces a la vez.

—Las bacterias son unos seres diminutos, tan pequeños que incluso cuesta trabajo verlos con el microscopio. Viven por todas las partes, como dice el acertijo. En realidad, existen miles de especies distintas... Unas son beneficiosas para nosotros y otras producen enfermedades, como, por ejemplo, la otitis o la tuberculosis.

—Y las beneficiosas, ¿qué es lo que hacen exactamente? —pregunta Estrella.

—¡Oh, pueden hacer muchas cosas distintas, desde eliminar algunas sustancias contaminantes hasta defendernos de otras bac-

Acertijo: adivinanza.

Arrebatar: quitar con fuerza.

terias peligrosas o ayudarnos a digerir la comida! Incluso se utilizan para fabricar algunos alimentos, como el yogur.

—¡Bueno, lo importante es que ya tenemos la palabra clave! —dice Jonás, interrumpiendo la conversación—. Y ahora mismo la vamos a utilizar. Vamos a ver. Hay que girar la rueda hasta la «B», así. Y ahora hasta la «A». Y ahora hasta la «C»...

Jonás Caracortada va marcando con la aguja de la rueda todas las letras de la palabra «bacteria». Cuando señala la última «A», la puerta de la caja se abre sola. Y entonces...

Ana Alonso, *El acertijo de la vida*. Ed. Anaya.

Comprensión lectora

Después de escuchar o leer el texto, ¡ponte a prueba!

PREGUNTAS EXPRÉS

1 ¿Qué tienen que abrir los personajes?

a) Una caja fuerte.
b) El rollo metálico donde hay un papel con una clave.
c) Una caja llena de bacterias.

2 ¿Cómo podrán abrirla?

a) Resolviendo un pasatiempo.
b) Resolviendo un acertijo.
c) Creando una adivinanza.

3 La respuesta al acertijo la da:

a) El capitán.
b) El doctor Scaiola.
c) Jonás Caracortada.

4 La solución del acertijo es fácil, se trata de la palabra:

a) Virus.
b) Otitis.
c) Bacteria.

Trabaja con los personajes

1 Localiza, sin mirar el texto, los nombres de los personajes.

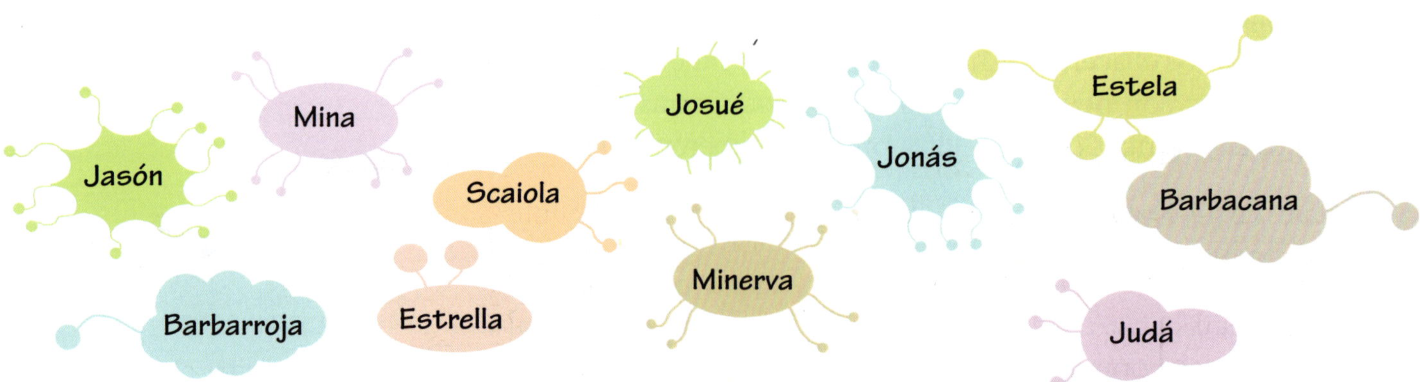

Contesta oralmente

2 ¿Quién lee el acertijo? ¿Dónde está escrito?

3 ¿Cómo es la cerradura de la caja fuerte?

4 ¿Qué son las bacterias según el acertijo?

Contesta por escrito

5 Busca en el diccionario y escribe el significado de otitis y de tuberculosis.

6 Con los datos del texto escribe la definición de bacteria.

7 Copia y completa el texto siguiente:

El texto es una narración que presenta a unos personajes buscando la solución a un … para abrir …

La finalidad fundamental del autor es enseñar qué son las …

Reflexiona

8 Con la ayuda de un adulto, busca en Internet información sobre las bacterias y explica en un texto breve por qué no podríamos vivir sin ellas.

Relaciona con tu mundo

9 Los acertijos son adivinanzas. En ellas se describe algo sin nombrarlo. La siguiente adivinanza es un acertijo muy conocido, intenta resolverlo con tu compañero:

Edipo, un rey de la mitología griega, tenía que atravesar un camino muy peligroso, porque en él se encontraba la esfinge, un monstruo que mataba a quien no supiera contestar sus acertijos. El acertijo que le propuso a Edipo era: «¿Cuál es el ser vivo que tiene voz y anda a cuatro patas por la mañana, a dos al mediodía y a tres al anochecer?». Edipo logró resolverlo y así salvó su vida.

Crea tu fichero de lectura

10 Completa la ficha en tu cuaderno.

UNIDAD 11

- Nombre de la autora:
- Título del libro:
- Resumen:
- Opinión:

La j

¡**Viajeros** al tren!

Nosotros **jugamos** al **ajedrez**.

Se escriben con **j**:

- Las palabras que empiezan por **aje-** y por **eje-**: ***aje**drez*, ***ejé**rcito*. Aunque hay excepciones: *agente, agenda, agencia…*
- Las palabras que acaban en **-aje**, **-eje**, **-jero**, **-jera** y **-jería**, excepto *ligero* y *ultraligero*: *gar**aje**, desp**eje**, extran**jero**, pasa**jera**, bru**jería**.*
- Algunas formas del verbo *traer* y sus derivados y de los verbos cuyo infinitivo termina en **-cir** y **-ducir**: ***traje*** (de *traer*), *distra**jeron*** (de *distraer*), ***dije*** (de *decir*), *condu**je*** (de *conducir*).

1 Completa en tu cuaderno este cuadro con formas verbales con j siguiendo el ejemplo:

Verbo	Forma verbal	Forma verbal	Forma verbal
traer	*trajiste*	*trajeras*	*trajésemos*
sustraer	…	…	…
extraer	…	…	…
traducir	…	…	…

2 Escribe en tu cuaderno en orden alfabético estas formas del verbo atraer: atrajeron, atrajéramos, atrajisteis, atraje, atrajiste, atrajimos.

3 Forma palabras terminadas en **-aje**, como en el ejemplo:

Ejemplo: *montar > montaje*

patinar >…
vendar >…
aterrizar >…
reciclar >…
almacenar >…
hospedar >…
pilotar >…
abordar >…

4 Busca en el diccionario cinco palabras que empiecen por eje- y otras cinco por aje- y cópialas en tu cuaderno en orden alfabético.

5 Copia y completa las siguientes oraciones con estas palabras:

potaje · masaje · viaje · mensaje · coraje · garaje

- Tenía una contractura muscular y me dieron un …
- El … se hace con garbanzos y bacalao.
- El astronauta hizo un … a la luna.
- Demostró mucho … en una situación tan difícil.
- He recibido un … de Paula.
- No hay suficientes plazas en el …

6 Copia y completa en el cuadro correspondiente: persona, almacenar, pluma, equipar, venda, embalar, camuflar, aprender, rama, lengua.

Nombre	Terminación en -aje
persona	*personaje*
…	…
…	…

Verbo	Terminación en -aje
…	…
…	…
…	…

Relaciono con la lectura

7 Con ayuda del diccionario, explica en tu cuaderno el significado de acertijo y jeroglífico. Y si te atreves, inventa un ejemplo de alguno de ellos.

TALLER DEL DICTADO

Lee el texto antes de hacer el dictado

Un día Alfanhuí y don Zana vieron un incendio. Una **mujer** en un balcón daba gritos desesperados. Por las grietas de la casa, salía humo. La gente se **juntó** en torno a la casa. A lo **lejos** empezó a oírse la campanilla de los bomberos. Luego, llegaron esplendorosos por el fondo de la calle; con su coche **rojo** escarlata y su campanilla dorada y sus cascos dorados, limpios y refulgentes. Traían los bomberos una alegría de fiesta.

Rafael Sánchez Ferlosio, *Industrias y andanzas de Alfanhuí*. Ed. Destino.

Después del dictado

Escribe palabras de la misma familia que las destacadas en el texto.

El verbo (I)

Los verbos se nombran en **infinitivo** *(decir)*, pero cada uno presenta muchas **formas verbales** *(digo, dices, dije)*.

Los **verbos** son palabras que indican **acción** *(estudiar)*, **estado** *(parecer, sentir)* o **situación** *(descansar)*.

Las **formas verbales** se componen de **lexema** y **desinencias**:

Dibuj-	*-aba*		*Sub-*	*-íamos*
Lexema	Desinencias		Lexema	Desinencias

Las **desinencias** del verbo indican:

- La **persona** gramatical, que puede ser **primera** *(**yo** estudio, **nosotros** estudiamos)*, **segunda** *(**tú** estudias, **vosotros** estudiáis)* y **tercera** *(**ella** estudia, **ellos** estudian)*.
- El **número**, que puede ser singular *(yo tecleo, tú tecleas, él o ella teclea)* y plural *(nosotros tecleamos, vosotros tecleáis, ellos teclean)*.
- El **tiempo**, que puede ser **pasado** *(yo conseguí)*, **presente** *(yo consigo)* y **futuro** *(yo conseguiré)*.

1 Copia estas oraciones y subraya las palabras que indican acción:

- Por las tardes entrenamos en el gimnasio.
- El sábado representaremos la obra de teatro.
- Mi hermano hace aviones de papel.
- ¿Saldrás mañana temprano?

2 Copia y completa en tu cuaderno el siguiente cuadro:

	Tiempo	Persona	Número
plantas	*presente*	*2.ª*	*singular*
escribiré	...	...	...
detienen	...	...	...
agarraban	...	...	...
vivieron	...	...	...

La conjugación verbal

La **conjugación** de un verbo es el conjunto ordenado de todas sus formas. Está constituida por formas simples y compuestas.

- Las **formas simples** están formadas por una sola palabra. Ejemplos: *caminó, escribía, trajeron.*
- Las **formas compuestas** se forman con dos palabras: una forma del verbo auxiliar **haber** y el participio del verbo que estamos conjugando. Ejemplos: *ha caminado, hubieron traído.*

La conjugación verbal	
Formas simples	**Formas compuestas**
Presente *(yo amo)*	Pretérito perfecto compuesto *(yo he amado)*
Pretérito imperfecto *(yo amaba)*	Pretérito pluscuamperfecto *(yo había amado)*
Pretérito perfecto simple *(yo amé)*	Pretérito anterior *(yo hube amado)*
Futuro simple *(yo amaré)*	Futuro compuesto *(yo habré amado)*
Condicional simple *(yo amaría)*	Condicional compuesto *(yo habría amado)*

Recuerda

Según la terminación del infinitivo, los verbos pertenecen a una de estas tres conjugaciones:

1.ª conjugación: verbos acabados en **-ar**.

2.ª conjugación: verbos acabados en **-er**.

3.ª conjugación: verbos acabados en **-ir**.

3 Clasifica estas formas verbales según la conjugación a la que pertenecen: suspendió, estudiaré, saltaban, reproduce, mantuvo, miente, guisa, ascenderemos, suprimieron, tenía.

4 Conjuga en presente los verbos coleccionar, leer, pedir.

5 Identifica las formas verbales de estas oraciones y clasifícalas en simples y compuestas:

- He jugado esta tarde con mis amigos en el parque.
- El arquitecto presentará mañana su proyecto.
- La organización del campeonato fue un éxito.
- ¿Has visto mi agenda?
- Luisa mira por el telescopio.
- Patricia ya habrá regresado del viaje.

Relaciono con la lectura

6 Busca en la lectura cuatro formas verbales de la primera, segunda y tercera conjugación y escríbelas en orden alfabético.

Formación de sustantivos, adjetivos y verbos

Para formar nuevas palabras añadimos **sufijos** o **prefijos** a un lexema. A veces, la clase de palabra creada es diferente a aquella de la que procede. Así, por ejemplo, hay:

- **Sustantivos** que se forman a partir de adjetivos *(bueno - bondad)* o de verbos *(dormir - dormitorio).*
- **Adjetivos** que derivan de sustantivos *(centro - central)* o de verbos *(sorprender - sorprendente).*
- **Verbos** que se forman a partir de sustantivos *(botón - abotonar)* o de adjetivos *(limpio - limpiar).*

1 Escribe los sustantivos de los que proceden los siguientes adjetivos:

deportivo nuboso barrigudo
aceitoso soleado amorosa

2 Escribe sustantivos acabados en -dad o -ura derivados de estos adjetivos:

malo blanco igual llano fresco

3 Escribe una oración en la que aparezca el sustantivo del que procede el verbo pedalear y otra con el adjetivo del que deriva el verbo entristecer.

4 Escribe los adjetivos o sustantivos de los que derivan estos verbos: taconear, limpiar, clarear, gotear.

Relaciono con la lectura

5 Escribe palabras derivadas de señal, sano y peligro e indica si son sustantivos, adjetivos o verbos.

Juego con el lenguaje

6 Busca la palabra secreta siguiendo, como en la lectura, esta clave:

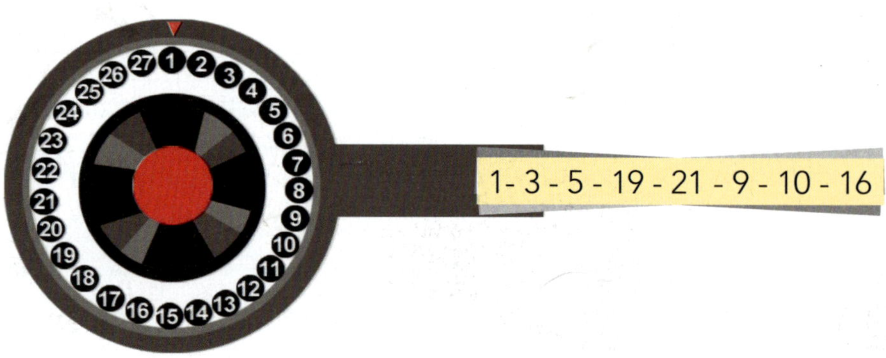

La publicidad

La **publicidad** tiene como propósito atraer a posibles compradores, espectadores, usuarios…

En la actualidad, todos los medios de comunicación (impresos o audiovisuales) emplean la publicidad:

- En la **radio,** además de la palabra, se utilizan la música y los efectos sonoros.
- En la **televisión** o en el **cine,** además de la palabra, la música y los efectos especiales, los anuncios incorporan la imagen.
- **Las revistas, prensa, Internet, móviles**… también usan la publicidad.

Escucho y hablo

16

1 Escuchad con atención el anuncio y contestad a las preguntas:

- ¿Qué es lo que anuncia?
- ¿Se utiliza alguna frase breve o eslogan para recordar algo que se anuncia?
- ¿Va acompañado de música o de algún efecto sonoro?
- ¿Dónde crees que se reproduce este anuncio, en la radio o en la televisión? ¿Por qué?
- ¿Qué le falta al anuncio anterior para anunciarse en televisión?

TALLER DE EXPRESIÓN

Imaginad que tenéis que anunciar en la radio estos dos productos. Por parejas:

- Pensad en cómo los anunciaríais.
- Escribid un eslogan para cada uno.
- Decid qué efectos especiales o música emplearíais.

Después, presentadlo a la clase.

Prosa y verso

Habitualmente, al hablar o al escribir, nos comunicamos en prosa. La **poesía** y la **prosa** se diferencian por tener un **ritmo** distinto.
El **ritmo** es la repetición ordenada de sonidos, y se consigue mediante:

- La colocación de las sílabas tónicas en los versos.
- La repetición de versos o palabras.
- La **rima**, que es la repetición de sonidos a partir de la última sílaba acentuada de cada verso.

Recuerda

La **rima** puede ser:

- **Asonante**, si coinciden solo las vocales.
- **Consonante**, si coinciden las vocales y las consonantes.

1 Lee en voz alta los versos siguientes y contesta a las preguntas:

Si mi voz muriera en tierra,
llevadla al nivel del mar
y dejadla en la ribera.
Llevadla al nivel del mar
y nombradla capitana
de un blanco bajel de guerra.
¡Oh mi voz condecorada
con la insignia marinera.
Sobre el corazón un ancla
y sobre el ancla una estrella
y sobre la estrella el viento
y sobre el viento la vela!

Rafael Alberti, *Marinero en tierra*.
Ed. Losada.

Bajel: barco de gran tamaño y fuerza.

- Escribe los cuatro últimos versos y subraya las palabras que se repiten.
- Escribe las palabras que riman con **ribera** a lo largo del poema.
- ¿Qué verso se repite?
- ¿Qué versos empiezan repitiendo el final del verso anterior?

TALLER LITERARIO

Escribe con tus palabras, como si fuera prosa, los seis primeros versos del poema anterior. Puedes comenzar así:

El poeta dice…

TAREA

COMPETENCIAS

Miro un cuadro

¿Qué hace un artista para representar la tristeza, la alegría, la risa, el enfado o el amor? La historia del arte está llena de artistas que han reflejado las emociones humanas.

En grupo

1 Observad detenidamente estos dos cuadros: ¿qué creéis que han querido transmitir los artistas: tristeza, pena, alegría…? Para responder adecuadamente, intentad contestar primero a estas preguntas:

- ¿Qué veis en cada cuadro: personas, animales, paisajes, objetos…?
- ¿Qué colores predominan en cada uno: oscuros o claros?
- ¿Qué hacen los personajes? ¿Qué sentimientos expresan?
- ¿Cómo están colocados: en un lado, en el centro, lejos, cerca…?

A

Cabeza de mujer que llora con pañuelo, Picasso.

B

Gallegas en la ventana, Murillo.

2 Elegid uno de los dos cuadros y haced una descripción de lo que veis y de las emociones que os provoca su contemplación.

- Con la ayuda de un adulto, podéis buscar en Internet información sobre el cuadro que habéis elegido para completar vuestra descripción.

Repaso de la unidad

RESUMO

Copia y completa el esquema de contenidos.

Ortografía

- Se escriben con **j**:
  - – Las palabras que empiezan por … y por …
  - – Las palabras que acaban en …, …, …, … y …, excepto *ligero* y *ultraligero*.
  - – Algunas formas del verbo … y sus derivados y de los verbos …

Gramática

- Los **verbos** son palabras que indican …, **estado** o …
- Las **formas verbales** se componen de **lexema** y …
- Las **desinencias** del verbo indican: la … gramatical, el … y el … en que se realiza la acción.
- La … de un verbo es el conjunto ordenado de todas sus formas.

Vocabulario

- Para formar palabras nuevas añadimos … o **prefijos** a un lexema.

Expresión oral y escrita

- La **publicidad** tiene como propósito …

Literatura

- La **poesía** y la **prosa** se diferencian por tener un … distinto.
- El **ritmo** en la poesía se consigue mediante …

1 Escribe en tu cuaderno nombres derivados de estos verbos que se escriban con j: tatuar, amerizar, alunizar, arbitrar, ensamblar, montar.

2 Escribe una oración en pasado con cada uno de estos verbos: decir, traer, conducir. Las formas verbales que utilices deben llevar j.

3 Indica la persona, el número y la conjugación de los verbos de la actividad anterior.

4 Conjuga el verbo tejer en presente, pasado y futuro.

5 Indica el pronombre, la persona y el número de las formas verbales, como en el ejemplo:

Ejemplo: jugamos (*nosotras, 1.ª persona, número plural).*

indicaban

perdisteis

hablas

escribimos

ganó

6 Fíjate en el ejemplo y copia y completa en tu cuaderno el cuadro:

	salimos	comeís	verá
Conjugación	*3.ª (salir)*	...	...
Persona	*1.ª (nosotros/as)*	...	...
Número	*plural*	...	...
Tiempo	*presente*	...	...

7 Escribe dos oraciones con formas verbales que cumplan estas condiciones:

- Verbo de la 1.ª conjugación, 3.ª persona plural, futuro.
- Verbo de la 3.ª conjugación, 1.ª persona plural, pasado.
- Verbo de la 2.ª conjugación, 2.ª persona singular, pasado.
- Verbo de la 3.ª conjugación, 2.ª persona plural, presente.

AVANZO

8 Busca seis palabras que se escriban con j y escríbelas en tu cuaderno.

C	O	N	S	E	J	O	R
A	J	E	J	E	N	J	A
J	E	J	A	T	N	O	M
E	T	A	J	O	M	L	A
R	O	D	A	J	E	O	J
A	L	M	E	J	A	U	E

9 Analiza las siguientes formas verbales, como en el ejemplo:

estudiábamos: estudiar, 1.ª conjugación, 1.ª persona, plural.

saltaban

habéis venido

han ganado

suspendimos

volaba

10 Escribe los sustantivos y adjetivos derivados de los siguientes verbos:

estudiar bailar

centrar hablar

11 Copia y completa con palabras derivadas de los verbos que aparecen entre paréntesis:

– Sus (admirar) le aplaudieron (entusiasmar).

– La (exponer) de pintura atrajo a (pintar) de varios países.

DICTADO: Lee con atención antes de hacer el dictado.

El viaje había sido muy largo y ajetreado y todos estábamos fatigados. Al llegar, sacamos el equipaje del maletero y lo dejamos en la conserjería. Cogimos los trajes que llevábamos colgados en perchas y los pusimos sobre las maletas. Le dijimos al conserje que echara también una ojeada al coche que habíamos dejado en el garaje. Nos alegró saber que no trabajaríamos hasta el martes porque el lunes era día festivo en la Comunidad.

12 Verano e invierno

Lo que no puede el Sol

El Sol quería un refresco
porque tenía calor
y en el cielo no encontraba
granizado de limón.

El Sol lleva un gran sombrero,
se pone gafas de sol,
se baña en muchas piscinas,
tiene hasta ventilador…,
pero jamás ha probado
un helado de turrón,
ni la leche merengada,
ni una horchata,
ni un bombón.

El Sol llora.
Se evaporan
sus lágrimas
con el sol.

Sagrario Pinto, *La casa de los días*.
Ed. Anaya.

Lee mejor

La lectura en voz alta

La autora de estos dos poemas nos ofrece una mirada singular de dos estaciones: el verano y el invierno. En verano, al Sol le gusta llevar sombrero y quiere tomarse un refresco. En invierno, Enero pasa frío y por eso, le gusta llevar bufanda y guantes.

Lee los dos poemas en voz alta. Respeta el ritmo de los versos y los signos de puntuación para que tu lectura sea correcta.

18 El parque

Enero duerme con guantes
y con pijama de invierno,
bien envuelto en su bufanda,
y sueña con gatos negros.

Cuando se acerca a los niños,
atraído por sus juegos,
dicen todos, todos dicen:
«¡Corred, que ya viene Enero,
con su nariz colorada,
con su gorrito de viejo!».

Enero monta en triciclo
y con lento pedaleo,
por un camino sin árboles,
sube la cuesta de enero.
Se rebusca en los bolsillos
por si encuentra caramelos
que poder dar a los niños.
«Por aquí debo tenerlos,
a ver, a ver...». Va sacando
dos monedas, un pañuelo,
una caja de cerillas,
su bolsita gris de cuero,
el reloj, unas pastillas
para la tos, un tintero
con su pluma y todo,
un libro,
la foto de sus abuelos...

Y tantas y tantas cosas
saca Enero de su abrigo,
que ya es de noche en el parque
y se han marchado los niños.

Por la luz que da la nieve
se encamina hacia el estanque.
Los peces están dormidos,
tampoco pueden mirarle.
Solo el agua, quieta y fría,
le pregunta, al reflejarle:
—¿Por qué estás tan triste,
Enero,
es que no te quiere nadie?

Una lágrima de hielo
golpea el agua y el aire.

Sagrario Pinto, *La casa de los días*.
Ed. Anaya.

Comprensión lectora

Después de escuchar o leer el texto, ¡ponte a prueba!

PREGUNTAS EXPRÉS

«Lo que no puede el Sol»

1 ¿Qué es lo que no encuentra el personaje del poema?

a) Un sombrero.
b) Unas gafas de sol.
c) Granizado de limón.

2 Al Sol le gustaría probar:

a) Los alimentos calientes.
b) Los refrescos, los helados, los bombones.
c) Bañarse en las piscinas.

«El parque»

3 Enero aparece representado como:

a) Un anciano con guantes, bufanda, gorro y abrigo.
b) Un joven con guantes, bufanda, gorro y abrigo.
c) Un joven con triciclo y tintero.

4 A Enero le pregunta si está triste:

a) El agua del estanque.
b) Uno de los niños del parque.
c) Uno de los peces del estanque.

Trabaja con las palabras clave

1 Haz memoria y relaciona las palabras y expresiones con el poema en el que aparecen.

Contesta oralmente

2 ¿Qué lleva puesto el Sol?

3 ¿Por qué aparece el sol con mayúscula en todo el poema, menos en el último verso?

4 En el segundo poema, ¿por qué se alejan los niños de Enero?

5 ¿Qué busca Enero en su bolsillo?

Contesta por escrito

6 El Sol lleva sombrero. Escribe el nombre de cuatro prendas de vestir que se suelen utilizar durante el verano.

7 Lee la primera estrofa del primer poema. ¿Qué sonidos se repiten?

8 Escribe tres prendas de abrigo que caracterizan a Enero. Y tres palabras del poema que se relacionen con el frío.

9 En el segundo poema, pronuncia separando las sílabas el primer y cuarto verso. ¿Cuántas sílabas tienen? ¿Cómo riman los versos pares?

10 Completa en tu cuaderno el texto siguiente:

La autora imagina el mes de Enero como a … que está en un … y quiere … con los niños. Hace frío, llega la … y los niños se van … En el parque solo quedan Enero, el … con los peces … y el agua …

Reflexiona

11 La autora nos habla de los sentimientos y de las sensaciones que le producen el mes de enero y el sol del verano. ¿Cómo te sientes tú en estas dos estaciones tan diferentes?

Relaciona con tu mundo

12 Los nombres de los meses del año en español proceden del latín. Por ejemplo: *Enero viene de Jano, el dios de las dos caras que se representaba en las puertas y portones. Enero está al principio del año y vuelve una cara hacia el final del año anterior y otra hacia el principio del nuevo año.*

Formad parejas y buscad en Internet el origen de los meses de mayo, junio, julio y agosto y compartid la información.

Crea tu fichero de lectura

13 Completa la ficha en tu cuaderno.

UNIDAD 12

- Nombre de la autora:
- Título del libro:
- Resumen de los poemas:
- Opinión:

La h

Se escriben con **h**:

- Las palabras que empiezan por **hia-**, **hie-**, **hue-**, **hui-**. Ejemplos: ***hia**to*, ***hie**na*, ***hue**so*, ***hui**da*.
- Las palabras formadas por los prefijos **hecto-** (cien), **hepta-** (siete), **hexa-** (seis), **hemi-** (mitad), **hiper-** (exceso). Ejemplos: ***hectó**metro*, ***heptá**gono*, ***hexá**gono*, ***hemi**ciclo*, ***hiper**mercado*.
- Las formas de los verbos **haber**, **hablar**, **hacer**, **hallar** y **habitar**.

1 Lee el poema y escribe en tu cuaderno, ordenadas alfabéticamente, las palabras que tienen h:

El hada más hermosa ha sonreído
al ver la lumbre de una estrella pálida
que en hilo suave, blanco y silencioso
se enrosca al huso de su rubia hermana.

Antonio Machado

2 Consulta el diccionario y escribe dos palabras que empiecen por:

hie-	hue-	hexa-	hui-
her-	hum-	horn-	horr-

3 Escribe en tu cuaderno la palabra que corresponde a cada definición:

a) Polígono de siete lados.

b) Unidad de medida que equivale a cien litros.

c) Dos vocales seguidas que pertenecen a distintas sílabas.

d) Hijos del mismo padre o madre.

e) Persona que no tiene madre o padre.

f) Hueso que une el hombro con el codo.

4 Copia estas oraciones y, con ayuda del diccionario, sustituye el asterisco por una h cuando sea necesario:

– Me duele la ***erida** del ***ombro**.

– Los ***indios** se comunicaban con señales de ***umo**.

– Arrancaré la ***iedra** del ***uerto**.

– El ***otel** se llenó de ***uéspedes**.

– El ***aire** movía las ***ojas** de los ***árboles**.

5 Copia y completa estas oraciones con formas de los verbos haber, hablar, hacer y hallar:

- No le entendí porque ... muy deprisa.
- Elvira ha ... la sortija que ... perdido.
- Mi madre ... unas natillas riquísimas.
- Yo ya ... visitado la nueva sala del museo.

6 Copia y completa el cuadro con las formas verbales correspondientes:

Verbo	Presente	Pasado	Futuro
haber	*he*	*había*	*habré*
hablar	...	hablaba	...
hacer	hago	...	...
hallar	...	...	hallaré

Relaciono con la lectura

7 Escribe en tu cuaderno, en orden alfabético, las palabras de la lectura que se escriben con h.

TALLER DEL DICTADO

Lee el texto antes de hacer el dictado

Las últimas vacaciones las **hemos** pasado en un **hotelito** rural. Tenía pocas **habitaciones** y pocos **huéspedes**. El **hotel** estaba rodeado de praderas cubiertas de **hierba**. Desde el balcón de nuestra **habitación** se veían las casas del pueblo. En algunas, se distinguían pequeños **huertos** rodeados de muros cubiertos de zarzas o de **hiedra**.

Después del dictado

1 Ordena alfabéticamente las palabras destacadas del dictado.

2 Escribe una oración con cada una de las palabras destacadas en el dictado que tengan diptongo.

El verbo (II)

Los modos verbales

Las formas verbales de las conjugaciones se agrupan en tres modos:

- El **modo indicativo**, que se utiliza para expresar acciones reales: *Yo **saltaré** muy lejos. El tren **llegó** a las ocho.*
- El **modo subjuntivo**, que se utiliza para expresar duda, posibilidad o deseo: *Ojalá viniera hoy mi padre. Quizás haya actuado ya.*
- El **modo imperativo**, que se utiliza para expresar orden o ruego: *Vigila tú. Por favor, pasad vosotros.* No debe utilizarse el infinitivo con valor imperativo. Debe decirse ***Buscad** las llaves* y no, **Buscar las llaves.*

1 Copia y relaciona cada forma verbal con el tiempo que le corresponda:

hablo	pretérito pluscuamperfecto
hablaría	futuro compuesto
había hablado	presente
habré hablado	condicional simple
hablaré	pretérito imperfecto
habría hablado	futuro simple
hablaba	condicional compuesto

2 Indica el modo al que se refieren los siguientes enunciados:

Órdenes o ruegos | Acciones reales | Duda, posibilidad, deseo

3 Copia estas oraciones y escribe al lado de cada una el modo del verbo y lo que expresa. Ejemplo: *Cierra la puerta, por favor.* → *Imperativo, ruego.*

- Tengo un perro muy pequeño y otro grande.
- Tal vez hubiera sido mejor ir al campo.
- Venid pronto a la fiesta.
- ¡Ojalá llueva hoy!

4 Escribe la segunda persona del singular del pretérito perfecto simple de los siguientes verbos: temer, vivir, barrer, subir, cortar, ocultar.

5 Escribe el imperativo de los verbos trabajar, enviar y revelar.

6 Indica el tiempo y el modo en que se encuentran las siguientes formas verbales: decía, ha comido, corred.

¡Cuidado!
Debe decirse **amaste, tomaste, partiste,** y no **amastes, *tomastes, *partistes.*

La voz activa y la voz pasiva

- Las formas simples de un verbo y las formas compuestas con el verbo auxiliar *haber* forman la **voz activa**.
- El verbo auxiliar *ser* más el participio de un verbo forman la **voz pasiva**.

7 Clasifica en el cuadro las siguientes formas verbales:

Yo había comido.
Ellos son examinados.
Él ha venido.
Tú eras observado.
Nosotros habíamos llegado.
Vosotras seréis nombradas.
Vosotros habéis entrenado.
Él fue eliminado.

Formas de la voz activa	Formas de la voz pasiva
...	...

8 Completa el presente y el pretérito imperfecto de indicativo del verbo despertar con formas de la voz pasiva:

Presente de indicativo
Yo *soy despertado/a*
Tú ...
Él/ella ...
Nosotros/as *somos despertados/as*
Vosotros/as ...
Ellos/ellas ...

Pretérito imperfecto
Yo ...
Tú *eras despertado/a*
Él/ella ...
Nosotros/as ...
Vosotros/as *erais despertados/as*
Ellos/ellas ...

Relaciono con la lectura

9 Indica el modo en que se encuentran las siguientes formas verbales de la lectura: sabremos, tendríamos, pensad y había oído.

10 Convierte en pasivas las formas verbales activas de estas oraciones.

Resolvemos el acertijo.

Sacaron la caja.

Recuerda
En el Apéndice del libro tienes la conjugación de algunos verbos. Consúltalo y aprende las formas que tu profesor o profesora te indique.

Familia de palabras y campo semántico

Una **familia de palabras** es el conjunto de palabras formado por una palabra primitiva y sus derivadas. Ejemplo: *árbol, arboleda, arbolito, desarbolar, enarbolar…*

1 Copia estas palabras, colorea de verde su raíz y de rojo sus morfemas: ratonera, extraescolar, caminante, perfumería y cafeína.

2 ¿De qué palabras primitivas derivan las anteriores?

Un **campo semántico** está formado por un conjunto de palabras que comparten algún rasgo de significado. Por ejemplo, al campo semántico «asientos» pertenecen: *sofá, sillón, silla, banqueta, taburete.*

3 Escribe en tu cuaderno palabras que pertenezcan a estos campos semánticos:

planetas insectos ríos

4 Clasifica en tu cuaderno estas palabras donde corresponda: motocicleta, jarra, autobús, masía, ánfora, chalé, botella, coche, cortijo, garrafa, carro, cabaña.

viviendas	recipientes	vehículos
…	…	…

Relaciono con la lectura

5 Escribe las palabras del poema «El parque» que pertenecen al campo semántico «prendas de vestir».

Juego con el lenguaje

6 Indica los dos campos semánticos que aparecen, y las palabras que les corresponden, en estos versos de Rafael Alberti.

Barrigas, narices,
lagartos, lombrices,
delfines volantes,
orejas rodantes,
ojos boquiabiertos,
escobas perdidas,
barcas aturdidas…

Textos periodísticos (I)

Un **periódico** es un tipo de publicación que diariamente informa de las últimas noticias.

Las **secciones** que se pueden encontrar en un periódico son: Internacional, Opinión, Nacional, Economía, Deportes, Cultura, Sociedad.

En la primera página o portada aparecen destacadas las noticias más importantes del día.

Una **noticia** informa sobre algún hecho que ha ocurrido recientemente. Consta de tres partes:

Titular	**Entradilla**: párrafo inicial.	**Cuerpo de la noticia**: desarrollo.

Leo y escribo

1 Consulta y lee las portadas siguientes:

a) De un periódico impreso.

b) De un periódico digital; por ejemplo: www.atrapasonos.es.

2 Contesta a las siguientes preguntas en tu cuaderno:

- ¿Qué información aparece en la primera página del periódico impreso?
- ¿Qué secciones aparecen en el periódico www.atrapasonos.es?
- ¿En qué secciones mirarías una información sobre tu comunidad autónoma en el periódico digital?
- ¿Qué noticia aparece como la más importante en el periódico impreso? ¿Y en el digital?

TALLER DE EXPRESIÓN

Vais a hacer un panel de noticias. Para ello:

1. Formad parejas y elegid la sección de un periódico que más os interese.
2. Redactad una noticia breve sobre un tema de actualidad de dicha sección. No olvidéis escribir el titular de la noticia, la fecha y el lugar de los hechos.
3. Ilustrad vuestra noticia con algún dibujo o fotografía.
4. Montad un panel con todas las noticias que habéis redactado y organizadlas en secciones.

El poema: versos y estrofas

Los poemas son textos escritos en verso. Los versos pueden estar agrupados en **estrofas**.

La **estrofa** es un conjunto de dos o más versos que repiten el mismo esquema en el poema, es decir, el número de versos, las rimas y casi siempre el número de sílabas de los versos.

Hay muchos tipos de estrofas: de dos versos, de cuatro, de seis, de ocho…

Una estrofa muy popular es el **pareado**: es la repetición de dos versos con la misma rima.

Recuerda

El **verso** es cada una de las líneas que componen un poema.

Leo y escribo

1 Lee en voz alta estos poemas y contesta a las preguntas:

A

Decidme hija, mi bella hija,
¿por qué tardasteis en la fuente fría?
Decidme, hija, mi hija lozana,
¿por qué tardasteis en la fría fontana?

B

A la nana blanca
que se fue a la mar
y trajo una cuna
de espuma y coral.
A la nana verde
que al cielo subió
y con almohadas
de nubes volvió.

J. Rejano

- ¿Qué poema está formado por dos estrofas de cuatro versos en las que riman los versos dos y cuatro de cada una?
- ¿Qué poema está formado por dos pareados?

TALLER LITERARIO

Formad parejas e inventad versos pareados siguiendo el ejemplo de estos refranes:

Perro ladrador,
poco mordedor.

En abril,
aguas mil.

Tarea

Interpreto un gráfico

¿Sabes qué es la meteorología? ¿Te has parado alguna vez a pensar en el clima de tu ciudad? Convertirse en un buen meteorólogo requiere buenas dotes de observación y, claro está, muchos conocimientos científicos.

En parejas

1 Observad estas gráficas. Ambas representan las precipitaciones que hay durante el año en Almería y Lérida.

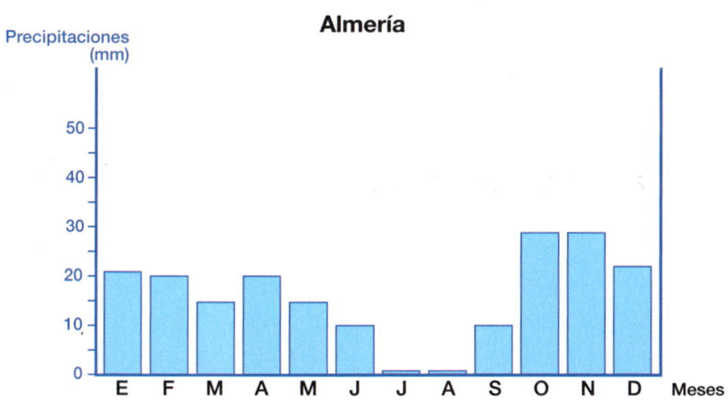

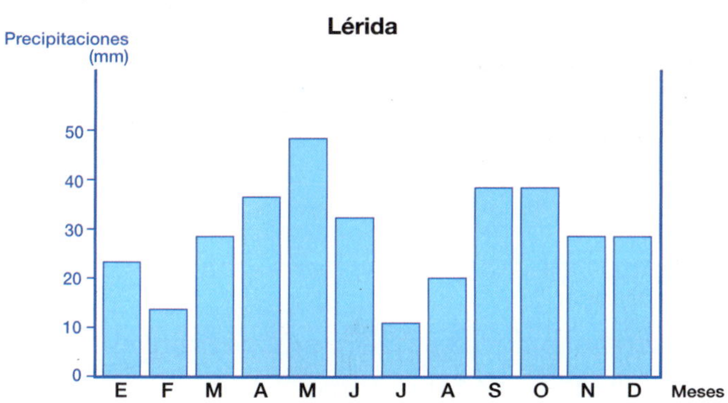

2 Contestad a las siguientes preguntas:

- ¿Dónde llueve más, en Almería o en Lérida?
- ¿Cuál es el invierno más lluvioso, el de Almería o el de Lérida?
- ¿Cuál es el mes más seco en Almería y en Lérida?
- ¿En qué estación del año llueve más en Almería? ¿Y en Lérida?
- ¿Cuál es el mes más lluvioso en ambas ciudades?

3 Elegid una comunidad autónoma y, con la ayuda de algún familiar, consultad en la página web de la Agencia Estatal de Meteorología (www.aemet.es) la información meteorológica del día.

4 Transmitid la información meteorológica a la clase, como si estuvierais en la televisión.

REPASO DE LA UNIDAD

RESUMO

Copia y completa el esquema de contenidos.

Ortografía

- Se escriben con **h**:
  - Las palabras que empiezan por …, …, … y …
  - Las palabras formadas por los prefijos …, …, …, … e …
  - Las formas de los verbos …, …, …, … y …

Gramática

- Las formas verbales se agrupan en tres **modos**: …, … e …
  - El **modo indicativo** se utiliza para expresar …
  - El **modo** … se utiliza para expresar duda, posibilidad o deseo.
  - El **modo imperativo** se utiliza para expresar … o …
- El verbo auxiliar *ser* más el participio de un verbo forman la **voz** …

Vocabulario

- Una … es el conjunto de palabras formado por una palabra primitiva y sus derivadas.
- Un … está formado por un conjunto de palabras que comparten algún rasgo de significado.

Expresión oral y escrita

- Un **periódico** es …
  - Las **secciones** que se pueden encontrar en un periódico son: …
- Una **noticia** informa …
  - La estructura de una noticia consta de:
    - …
    - …
    - …

Literatura

- La **estrofa** es un conjunto de … que repiten el mismo esquema.

1 Completa en tu cuaderno estas palabras que empiezan por hia-, hie-, hue-, hui-:

_to	_rba	_na
_lo	_co	_lga
_lla	_rta	_vera
_da	_rro	_so

2 Consulta el diccionario y escribe en tu cuaderno una palabra con cada uno de estos prefijos:

hecto-, hepta-, hexa-, hemi-, hiper-.

3 Escribe palabras que pertenezcan al campo semántico de mamíferos.

4 Señala en las formas compuestas siguientes los verbos auxiliares y los participios: había escondido, hubiéramos animado, hubiste decidido, habrán viajado, hemos asistido.

5 Clasifica en tu cuaderno las formas verbales de estas oraciones en simples y compuestas:

- Esta noche me he despertado varias veces.
- Los gallos cantaban al amanecer.
- Si lo hubiera sabido, habría venido antes.
- Juan saltaba mucho más que yo.

6 Escribe en tu cuaderno estas formas verbales. Consulta el Apéndice de la conjugación verbal, si lo necesitas.

- 1.ª persona plural, condicional simple del verbo **comer**.
- 2.ª persona singular, pretérito perfecto compuesto de indicativo del verbo **coger**.
- 3.ª persona singular, futuro simple de indicativo del verbo **invitar**.
- 2.ª persona plural, pretérito perfecto simple del verbo **discutir**.

AVANZO

7 Con ayuda de un mapamundi agrupa estos países en dos campos semánticos: Brasil, Colombia, Suiza, Hungría, Holanda, Francia, Argentina, Venezuela, Italia, Honduras, Perú, Rumanía.

Europa   América

8 Escribe cuatro palabras de cada uno de estos campos semánticos:

- Huesos del cuerpo.
- Flores.
- Deportes.

9 Relaciona cada oración con la voz que le corresponda:

- Luis comió un plátano.
- Un plátano fue comido por Luis.
- La novela fue escrita por Cervantes.
- Cervantes escribió la novela.

Voz activa   Voz pasiva

DICTADO: Lee con atención antes de hacer el dictado.

Al llegar otra vez la primavera, a todos los árboles les brotaron hojas nuevas. Bueno, a todos no, porque al árbol de hoja fina que había salvado a las mariposas no le salía ninguna. Estaba muy triste. Entonces, las mariposas, agradecidas, se posaron sobre él para hacer de hojas. Se turnaban. Iban y venían. Siempre había una nube de colores revoloteando en su copa. Nadie había visto nunca un árbol tan hermoso. Hicieron esto durante tanto tiempo que al final acabaron convirtiéndose en hojas de verdad. Y así es como nació el ginkgo, el árbol sagrado del Japón.

Carles Cano, *Cuentos para todo el año*. Ed. Anaya.

13 El abuelo Hércules

La casa del abuelo Hércules es fabulosa. Tiene dos pisos y un desván y está llena de rincones y recovecos. Es perfecta para jugar al escondite y para ocultar tesoros secretos.

Lo mejor de la casa es el desván. El desván es chulo, chulo, chulo. Está lleno de polvo, de muebles antiguos y de viejos inventos del abuelo. Porque mi abuelo Hércules es inventor. Bueno, lo era de joven. Inventor y explorador. Y de los buenos, ¿eh?

Me gusta muchísimo subir al desván a investigar y revolver en los arcones llenos de ropa antigua. Pero aún es más divertido cuando el abuelo me acompaña y me explica allí sus aventuras. Para ambientarse, se disfraza con algunos de sus viejos trajes de explorador y cuenta sus andanzas por todo el mundo con voz emocionada y moviendo mucho los brazos.

Una de las aventuras que más le gusta contar al abuelo es su viaje a la Antártida. No hay verano que no me la explique de pe a pa. Menos mal que siempre se inventa cosas nuevas y eso la hace más interesante. Más o menos es así:

—Hace cuarenta y cuatro años organicé una expedición científica a la Antártida. La «1.ª Expedición Antártica Hércules». Por cierto, ¿sabes dónde está la Antártida, Esteban?

—Sí, abuelo. En el polo sur. Y hace siempre un frío que te pasmas.

—Exacto. Muy bien.

Lee mejor

La lectura silenciosa

El protagonista de esta historia nos habla de su abuelo Hércules, inventor y explorador. Antes de empezar a leer, puedes buscar información sobre la Antártida; así, entenderás mejor lo que nos cuenta. Después, concéntrate y lee en silencio, como ya sabes, y descubre sus aventuras en este frío continente.

Recoveco: rincón, sitio escondido.

—¿Cuántas personas componían la expedición, abuelo?

—¡Ejem! Pues… Íbamos a ser doce pero uno empezó que si me duele la tripa, otro que si ahora no me viene bien, otro que si mi mujer no me deja… Total, que me quedé solo.

—¡Ahí va! ¡Vaya plantón! ¿Y fuiste al polo sur tú solo?

—Yo solo.

—¿Y cómo fuiste? ¿En trineo?

—¡No señor! Para aquella aventura diseñé y construí un aparato revolucionario; único en el mundo; mi más fabuloso invento: un vehículo capaz de navegar por el fondo del mar y por encima de los bloques de hielo; sobre el barro y sobre la nieve: ¡El «Anfibio-Tractor Antártico Hércules»!

Y señala un cacharro tremendo, una especie de sopera gigante con ruedas de tractor, completamente cubierto de polvo, arrinconado en el desván y con la parte delantera muy abollada.

—¡Soplaaaaa! —Exclamo yo, como si fuera la primera vez que lo veo, aunque me lo conozca de memoria—. ¿Y qué? ¿Conseguiste llegar a la Antártida?

—Casi, casi. Un imprevisto trastornó por completo mis planes. Iba yo en el «Anfibio-Tractor», navegando tan tranquilo por el fondo del océano Antártico, cuando una tormenta magnética estropeó mi brújula. A causa de este problema, anduve perdido más de un mes, dando vueltas y más vueltas como un tonto. Salí varias veces a la superficie pero nunca me encontraba en el polo sur.

—¿Qué ocurrió al final, abuelo?

—Después de dos meses de andar perdido por el fondo de siete mares, tuve la desgracia de chocar con el batiscafo del profesor Tiselius.

—¿El profesor Tiselius?

—Sí. Era un ruso que estaba loco como una cabra. En aquella época estaban muy de moda los récords submarinos. Tiselius quería ser el primer hombre en bajar a una profundidad de diez mil metros vestido con un pijama de rayas. Pero se tropezó conmigo. El accidente me abolló toda la aleta delantera del Anfibio-Tractor.

—Pero Tiselius, animaaal… ¿no has visto que vengo por mi derecha? ¿Dónde te han dado el carnet de batiscafero?

—Niet, tovarich herculoff. Paprika solschenitsyn Moskova.

—Sí, claro, pero ahora ¿quién me paga a mí el bollo? ¡A ver! Porque tú seguro, seguro que no tienes seguro.

Batiscafo: embarcación sumergible destinada a explorar las profundidades del mar.

—Da, da, tovarich. Spassiva kremmlin seguroff.

—Total, que me tuve que volver a casa con el Anfibio-Tractor estropeado y sin haber conseguido llegar a la Antártida. ¡Me dio una rabia!

Y mi abuelo, al recordar aquel fracaso, muerde con furia su bastón. Con tanta furia lo muerde que su dentadura postiza suele quedarse clavada en la madera. Y mientras intenta desclavarla con ayuda de unos alicates, me dice siempre lo mismo:

—Fero algún fía folferé a infenfarlo. Algún fía refararé el «Anfifio-Fracfor Anfárfico Hérfules» y lo fonseguiré. Fe lo frometo, Estefan.

Así es mi abuelo: un fenómeno.

Fernando Lalana / José M.ª Almárcegui, *Mi amigo Fernández*. Ed. Anaya.

Comprensión lectora

Después de escuchar o leer el texto, ¡ponte a prueba!

PREGUNTAS EXPRÉS

1 El narrador de la historia es:

a) Esteban.
b) El abuelo de Esteban.
c) El profesor Tiselius.

2 El lugar preferido por Esteban de la casa de su abuelo es:

a) La cocina.
b) El rincón de la escalera.
c) El desván.

3 El abuelo intentó llegar a la Antártida en:

a) Un trineo.
b) Un vehículo inventado por él.
c) Un submarino.

4 El abuelo no pudo llegar a la Antártida porque:

a) Se lo impidió el frío.
b) Sus compañeros lo abandonaron.
c) Chocó con la embarcación submarina del profesor Tiselius.

Ordena la secuencia de los hechos

1 Ordena los hechos según se cuentan en el texto.

- Íbamos a ir doce, pero al final me quedé solo.
- Tuve un accidente con el batiscafo del doctor Tiselius.
- Me volví a casa con el Anfibio-Tractor estropeado.
- Hace cuarenta años organicé una expedición en la Antártida.

Contesta oralmente

2 ¿Qué le gusta muchísimo a Esteban?

3 ¿Qué hace más interesante el relato de la aventura a la Antártida que el abuelo cuenta todos los veranos?

Contesta por escrito

4 En el texto hay dos partes claramente diferenciadas. Escribe la primera frase de la segunda parte.

5 Escribe cómo es el vehículo que inventó el abuelo.

6 El narrador del texto emplea expresiones coloquiales, como chulo o ¡Soplaaaaa! Escribe otras tres o cuatro expresiones coloquiales del texto.

7 Tiselius habla ruso de forma muy particular. En realidad, usa palabras rusas, pero sin venir muy a cuento. ¿Con qué palabras o expresiones de la primera columna relacionarías los significados de la segunda columna?

Niet	Condimento parecido al pimentón
Tovarich	Negación: no
Paprika	Nombre de un escritor ruso
Solschenitsyn	Moscú
Moscova	Amigo

Reflexiona

8 ¿Por qué muerde el abuelo su bastón con furia?

Relaciona con tu mundo

9 Seguro que, alguna vez, tus abuelos te han contado alguna aventura. Escúchala una vez más, y luego, cuéntasela a tus compañeros.

Crea tu fichero de lectura

10 Completa la ficha en tu cuaderno.

UNIDAD 13

- Nombre de los autores:
- Título del libro:
- Resumen:
- Opinión:

ORTOGRAFÍA

Palabras con ll

Se escriben con **ll**:

- Las palabras que acaban en **-illa**, **-illo**, **-ullo**, excepto *tuyo* y *suyo*: *miri**lla***, *barqui**llo***, *orgu**llo***.
- Las formas de los verbos cuyo infinitivo acaba en **-ellar**, **-illar**, **-ullar**, **-ullir**: *embote**llar***, *bri**llar***, *mau**llar***, *escabu**llir***.

1 Completa en tu cuaderno las oraciones con la forma correspondiente de los verbos engullir, atropellar, brillar, embarullar.

- Las estrellas … en una noche de luna llena.
- El ogro … la comida con rapidez.
- El peatón fue … por una motocicleta.
- … los cajones con tanta ropa.

2 Añade el sufijo -illo o -illa a estas palabras y escribe una oración con cuatro de las palabras derivadas que resulten:

sombra	nudo	manteca	tejado
pelusa	borde	carreta	bocado

3 Entre las siguientes palabras hay algunas que no son derivadas de otras. Escríbelas en tu cuaderno:

cepillo	manzanilla	camilla	rastrillo
escotilla	escobilla	cuartillo	tobillo

4 Copia y completa el siguiente cuadro:

Verbo	Presente	Pasado	Futuro
Sellar	…	…	*sellará*
Ensillar	*ensilla*	…	…
Apabullar	…	*apabulló*	…
Mullir	*mulle*	…	…

5 Escribe en tu cuaderno la palabra que corresponde en cada caso. Todas tienen ll:

- Instrumento pequeño para rallar.
- Pieza de metal para cerrar un cinturón.
- Articulación de la pierna entre el muslo y la espinilla.
- Encontrar a alguien o algo.

Palabras con y

Se escriben con **y**:

- Algunas formas de los verbos cuyo infinitivo no tiene ni **ll** ni **y**: *leer* - *leyó*.
- Algunas formas de los verbos cuyo infinitivo acaba en **-uir**: *incluir* - *incluyó*.
- Las palabras que tienen la sílaba **-yec-**: *inyectar, proyecto*.
- Los **plurales** de las palabras que acaban en **-y**: *ley* - *leyes*.

Muchos hablantes pronuncian igual el sonido de la **ll** y el de la **y**, por eso hay que prestar mucha atención a las palabras que llevan estas letras.

6 Copia y completa con formas de pasado que tengan una **y**:

	3.ª persona singular	3.ª persona plural
Disminuir	*disminuyó*	*disminuyeron*
Instruir	...	...
Distribuir	...	...
Huir	...	...

Recuerda

No debes confundir las siguientes palabras:

- Rayar: trazar rayas; rallar: desmenuzar con un rallador.
- Haya: árbol/forma del subjuntivo del verbo *haber*; halla: forma del verbo *hallar*.

7 Escribe las palabras a las que se refieren las siguientes definiciones. Todas tienen **y**:

- Agujero hecho en la tierra
- Banco de piedra
- Hembra del caballo
- Embarcación de recreo

Relaciono con la lectura

8 Añade el sufijo -illo o -illa a las palabras rincón, verano, tripa, problema, bastón, y escribe una oración con cada una de ellas.

TALLER DEL DICTADO

Lee el texto antes de hacer el dictado

Los padres de **Yago** tienen una casa de arquitectura rural **gallega**. Es preciosa, toda de granito y muy antigua. Tiene su **buhardilla**, misteriosa y oscura, con los **pestillos** y las bisagras **ya** oxidados. Está en medio de un bosque de **hayas** y eucaliptos, y en las noches de luna **llena**, entre los **aullidos** de algún **zorrillo** vagabundo y los **brillos** de la **lluvia**, parece convertirse en una caja de cristal oscura, mágica y **maravillosa**.

Después del dictado

Escribe en orden alfabético las palabras del dictado que contienen ll.

El adverbio

El **adverbio** es la palabra que expresa circunstancias de lugar, tiempo, modo, cantidad, afirmación... El adverbio es **invariable** porque no admite morfemas de género ni de número. Ejemplos: *Juan hablaba* ***despacio****. Elena hablaba* ***despacio****.*

El adverbio puede complementar a:

- Un **verbo**: *Álvaro participa* ***mucho****.*
- Un **adjetivo**: *La carretera era* ***demasiado*** *estrecha.*
- Otro **adverbio**: *La planta crece* **muy** *deprisa.*

CLASES	Adverbios
Lugar	aquí, ahí, allí, acá, cerca, lejos, dentro, fuera, abajo, arriba...
Tiempo	hoy, ayer, mañana, tarde, pronto, ahora, antes, después, ya, siempre...
Modo	bien, mal, así, deprisa, mejor, peor; y muchos de los terminados en *-mente:* silenciosamente, brevemente, torpemente...
Cantidad	mucho, poco, bastante, muy, más, menos, demasiado, nada, algo...
Afirmación	sí, también, ciertamente, efectivamente...
Negación	no, nunca, jamás, nada, tampoco...
Duda	acaso, quizás o quizá, probablemente, tal vez...

1 Completa en tu cuaderno las oraciones con estos adverbios: tarde, nunca, mañana, ahí, siempre.

- Coloca ... esos paquetes.
- Andrés ... cuenta los mismos chistes.
- Es muy puntual, ... llega ...
- ... buscaré bien en todos los bolsillos.

2 Copia en tu cuaderno estas oraciones, subraya los adverbios e indica de qué clase son:

- Ahora sí que noto el aire fresco.
- Mañana jugaremos temprano.
- El petrolero atracó ayer muy tarde.
- Hoy he viajado en globo.

3 Copia los adverbios e indica de qué clase son:

Lugar | Tiempo | Modo | Cantidad | Duda

demasiado	acaso	peor	abajo
ligeramente	menos	así	ahora
bastante	quizás	aquí	pronto

4 Transforma los siguientes adjetivos en adverbios añadiendo el sufijo -mente; por ejemplo: *amigable* → *amigablemente*.

afortunado	perfecto	alegre
disimulado	difícil	lamentable
limpio	cierto	veloz
actual	suave	feliz

Recuerda

Los adverbios terminados en **-mente** proceden de un adjetivo. Si el adjetivo lleva tilde, el adverbio la mantiene: *ágil/ágilmente;* si no la lleva, el adverbio, tampoco: *veloz/velozmente.*

5 Copia los siguientes adverbios acabados en -mente y coloca la tilde cuando sea necesaria:

dulcemente	agilmente	ordenadamente
cortesmente	fuertemente	rapidamente
facilmente	habilmente	sencillamente

6 Copia estos dos poemas, subraya los adverbios y di de qué clase son:

La niña pintó una flor,
luego pintó una bandera
y también la luz primera.
Pintar no pudo el amor.

Carlos Carrillo Valdés,
Canto y Cuento. Ed. SM.

Caminante, son tus huellas
el camino, y nada más;
caminante, no hay camino,
se hace camino al andar.

Antonio Machado, *Poesías completas*. Ed. Espasa Calpe.

Relaciono con la lectura

7 Localiza cinco adverbios en el texto de la lectura y di de qué clase son.

Usos del lenguaje

- Los **coloquialismos** son palabras o expresiones que utilizamos en las conversaciones informales con familiares o amigos.
- Los **usos cultos** son palabras o expresiones que utilizamos en situaciones más formales de la lengua, con personas a las que no conocemos o con las que no tenemos confianza.

1 ¿Cuál de las dos expresiones de las que aparecen en los dibujos al margen te parece más coloquial? ¿Por qué?

2 Explica el significado del verbo pillar en cada una de estas oraciones. Después, escríbelas sustituyéndolo por otro verbo menos coloquial.

Ejemplo: *He pillado el autobús* → *He cogido el autobús.*

- He pillado un fuerte constipado.
- Le pilló un coche cuando cruzaba la calle.
- Le costó pillar el chiste.
- En la merienda pilló los mejores bocadillos.

3 Clasifica las palabras según pertenezcan a un uso coloquial o formal de la lengua: amuermarse, decaído, peña, aplanado, pandilla, plasta, aburrirse, pesado.

4 Copia y relaciona las dos columnas:

Cultismos	Expresiones más comunes
mitología	que da fruto
fructífero	raíz de una palabra
benévolo	conjunto de los mitos de un pueblo
lexema	que tiene buena voluntad

Relaciono con la lectura

5 Escribe una oración con cada una de estas expresiones: «fabuloso invento», «cacharro tremendo».

Juego con el lenguaje

6 ¿Qué significan las frases hechas destacadas?

- Eso que dices **viene al pelo**.
- No esperaba que le **dieran para el pelo**.
- No tiene **un pelo de tonto**.
- Nos **puso el pelo de punta**.
- Salió bien **por los pelos**.

Recuerda

Las **frases hechas** son expresiones que tienen un significado figurado y una forma fija: «estar como pez en el agua», «no pegar ojo».

Textos periodísticos (II): la reseña

En los periódicos y revistas aparecen con frecuencia reseñas. **Reseñar** es informar brevemente sobre el contenido de una obra.

Leo y escribo

1 Lee la reseña de la novela *Un saco de canicas,* del autor francés Joseph Joffo, y contesta a las preguntas:

La novela cuenta una historia real, la del propio autor. Se desarrolla en Francia, en la Segunda Guerra Mundial. Los protagonistas son dos hermanos de diez y doce años de edad. Al principio, aunque tienen que llevar cosida a la ropa la estrella amarilla que los identifica como judíos, para ellos la guerra es un juego. Después deben huir en búsqueda de familiares y amigos que han escapado antes. A lo largo del viaje, solos, deben sobrevivir con pequeños trabajos y tienen que enfrentarse con astucia y valor a circunstancias muy peligrosas. Es una novela llena de suspense y de acción. Es también el testimonio de una época real, con personajes muy diferentes: refugiados, campesinos, soldados, miembros de la policía alemana, sacerdotes heroicos, enfermeras, médicos... Y es también una novela de aprendizaje: los dos niños conseguirán superar las pruebas, aunque en el camino también haya pérdidas irrecuperables.

- ¿Por qué se dice que es una historia real?
- ¿Dónde y cuándo se desarrolla la historia?
- ¿Quiénes son los protagonistas? ¿Qué problema tienen?
- Explica qué significa que es una novela llena de suspense, acción y de aprendizaje.

TALLER DE EXPRESIÓN

Escribe una reseña sobre una novela que hayas leído o una película que hayas visto y quieras dar a conocer a tus compañeros. En tu reseña deben figurar estos datos:

Título de la novela o película.

Nombre del autor o del director.

Tipo de novela.

Época y **lugar** o lugares en los que se desarrollan los hechos.

Protagonistas.

Resumen del argumento.

Recitar romances

Un **romance** es un poema que cuenta una historia en versos de ocho sílabas. Riman los versos pares.

1 Formad grupos de tres para recitar el siguiente romance. Uno recitará lo que cuenta el narrador, los otros dos lo que dicen el rey y la reina. Para hacerlo bien, seguid estos pasos:

1. Leedlo tantas veces como sea necesario, hasta entenderlo bien.
2. Memorizad la parte que vais a recitar.
3. Al recitar, respetad las pausas al final de cada verso, la rima y la entonación.

En Sevilla a un sevillano
siete hijas le dio Dios,
todas siete fueron hembras
y ninguna fue varón.
A la más chiquita de ellas
le llegó la inclinación
de ir a servir a la guerra
vestidita de varón.
Al montar en el caballo
la espada se le cayó;
por decir: «¡Maldita sea!»,
dijo: «¡Maldita sea yo!»
El Rey que la estaba oyendo,
de amores se cautivó,
—Madre, los ojos de Marcos
son de hembra, no de varón.
—Convídala tú, hijo mío,
a los ríos a nadar,
que si ella fuese hembra
no se querrá desnudar.
Toditos los caballeros
se empiezan a desnudar,
y el caballero don Marcos
se ha retirado a llorar.
—No llores alma querida,
no llores mi corazón,
que eso que tú tanto sientes,
eso lo deseo yo.

«La doncella guerrera».
Romancero Viejo.

TALLER LITERARIO

Formad parejas y transformad el romance anterior en un cuento. Escribidlo y, después, leedlo ante vuestros compañeros. Podéis empezar así:

Había una vez en Sevilla, un sevillano que tenía siete hijas. La más pequeña quería ir a la guerra…

Tarea

Trabajo con imágenes

Saber interpretar una imagen y escribir un texto sobre ella requiere mucha observación y ser creativos. Podemos escribir un texto publicitario (eslogan), o escribir de forma breve lo que vemos (pie de foto) o informar de un suceso (noticias).

En parejas

1 Observad las fotografías. Después, realizad las actividades.

A

- Escribid un pie de foto para esta imagen.

B

- Escribid un titular y una noticia sobre esta imagen.

C

- Escribid un eslogan publicitario para esta imagen.

2 Compartid vuestras propuestas con los compañeros y elegid la mejor.

Repaso de la unidad

RESUMO

Copia y completa el esquema de contenidos.

Ortografía

- Se escriben con **ll**:
  - Las palabras que acaban en …, …, …, excepto … y …
  - Las formas de los verbos cuyo infinitivo acaba en …, …, … o …
- Se escriben con **y**:
  - Algunas formas de los verbos cuyo infinitivo no tiene ni … ni …
  - Algunas formas de los verbos cuyo … acaba en …
  - Las palabras que tienen la sílaba …
  - Los plurales de las palabras que acaban en …

Gramática

- El … es la palabra que expresa circunstancias de lugar, tiempo, modo, …
- El adverbio puede complementar a
  - …
  - …
  - …
- Los adverbios se clasifican en: …, …, …, …, …, … y …

Vocabulario

- Los **coloquialismos** son … Los **usos cultos** son …

Expresión oral y escrita

- **Reseñar** es …

Literatura

- Un **romance** es …

1 Completa las siguientes palabras con **ll** o **y**. Utiliza el diccionario si lo necesitas.

armadi_o	ha_edo	_eso
_erno	vi_a	acribi_ar
le_es	magu_ar	vari_a

2 Ordena alfabéticamente las siguientes palabras: inyectar, proyectil, inyección, trayecto, proyección, trayectoria, proyectar.

3 Clasifica en tu cuaderno las siguientes palabras:

molinillo	escalerilla	costilla
rodilla	tablilla	rosquilla
hebilla	polilla	cepillo

Diminutivos	No diminutivos
…	…

4 Completa estas oraciones con adverbios de modo acabados en -mente:

- El meteorito cruzó … el cielo estrellado.
- Se despidió … de nosotros.
- Siempre habla con suavidad, …
- Mi padre escucha … las noticias.

5 Copia y relaciona cada adverbio con la clase a la que pertenecen:

bastante	duda
acá	tiempo
ahora	lugar
posiblemente	cantidad
así	afirmación
tampoco	negación
también	modo

AVANZO

6 Copia y completa las oraciones con las palabras:

raya ralla haya halla

- Es muy ingenioso, siempre … alguna solución.
- Mi árbol preferido es el …
- Elías … el queso para los macarrones.
- Señaló con una … el lugar en el mapa.

7 Explica el significado del verbo pasar en estos ejemplos:

- ¡Pásame el pan, por favor!
- No te preocupes; no pasa nada.
- Te aconsejo que pases de él.
- Me parece que te estás pasando un poco.

8 Utiliza el diccionario y sustituye las palabras destacadas por otras de uso más común:

- Sus **excentricidades** nos sorprendían.
- Fue la tarde más **tediosa** del verano.
- Hablaron sobre los **ofidios** más venenosos.
- Su **filantropía** le ha traído algún problema.

DICTADO: Lee con atención antes de hacer el dictado.

La vegetación de Madrid es de tipo mediterráneo, y en la zona de la sierra muestra conjuntos de especies caducifolias de Europa Occidental. De este tipo son los bosques de hayas, de abedules y de acebos, auténticas joyas del mundo vegetal.

Las arboledas de Cercedilla, del valle de la Fuenfría y especialmente el hayedo de Montejo de la Sierra, que se halla en el vértice norte de la provincia, se pueden calificar de jardines botánicos espontáneos y constituyen una muestra de la riqueza botánica de los ecosistemas madrileños.

Guía de turismo rural y activo, Comunidad de Madrid. (Texto adaptado).

14 La hoja y el puente

20

Era una hoja que habitaba en un sueño, o quizá un sueño que habitaba en una hoja. Realmente no se sabe a ciencia cierta.

La hoja era color limón cuando los rayos del sol la acariciaban, y de un rubio pálido cuando caía la tarde.

Era feliz en un diminuto universo plagado de cosas sin importancia. Iba y venía de un lado a otro, correteando por el aire y jugando por el espacio que media entre estrella y estrella.

Un día se topó con un puente. El puente era inmenso, serio, de gesto grave. Tenía el corazón de piedra y una boca muy grande por donde entraba y salía un torrente de agua azul.

La hoja, impresionada, se quedó la tarde entera admirando las formas perfectas del puente.

Cuando quiso irse, el puente intentó impedírselo.

—Quédate un poco más —le rogó—. Hace mucho tiempo que nadie me presta atención. Ya no soy más que un puente viejo que ha vivido demasiado, y estoy condenado a existir estático e inmóvil. Veo desfilar las estaciones sin formar parte de ninguna. Las únicas caricias que conozco son los fríos abrazos de los líquenes que habitan sumergidos en el río y que tocan mis decrépitas pie-

Lee mejor

La lectura silenciosa

Si en lo que vemos ponemos no solo los ojos, sino también el corazón, entenderemos que la amistad pueda surgir entre los seres más sorprendentes. En el texto que vas a leer, una hoja y un puente se hacen amigos y comparten penas y alegrías. Para disfrutar de él, tendrás que poner toda tu imaginación en su lectura.

dras con sus dedos de agua, y los únicos besos, los del musgo verde cuando se adhiere a mí tras luchar a brazo partido con la humedad y conquistar los espacios de sombra del norte. Antes, los pájaros me hablaban, pero ahora no puedo oírlos porque me he quedado sordo con el abrumador lenguaje del torrente. Ellos me enseñaron que hay otras cosas en el mundo aparte de este cielo que nos cubre y de esta tierra que nos acoge.

—Sí —habló la hoja cerca de su oído—, están los sueños. Yo habito uno… ¿O es él que habita en mí? Lo he olvidado.

—¿Qué es un sueño? —preguntó el puente.

—Un sueño es como el aliento divino que hincha nuestras velas hechas ilusiones, la caricia que nunca recibiste, el beso que nunca diste, la mano que siempre quisiste coger. Es un niño que crece en el alma y que se alimenta de esperanza.

—Yo quiero un sueño —dijo el puente—. Quiero uno aunque sea pequeñito, lo cuidaré para que crezca y se haga fuerte.

La hoja y el puente estuvieron charlando toda la tarde. Al anochecer, el puente ofreció refugio a la hoja en un recoveco de sus piedras, al abrigo del frío.

La hoja y el puente se hicieron amigos y durante días hablaron de los sueños. Pero la hoja nunca se había quedado tanto tiempo en un mismo lugar, y su sueño la empujaba a volar otra vez por el cielo infinito.

Llegó el día del adiós. El puente lloraba lágrimas espesas que caían desde sus cuencas vacías al torrente, aumentando el caudal de este. Tanto lloró, que el río estuvo a punto de desbordarse.

—Volveremos a vernos.

La hoja emprendió la marcha y se perdió entre las copas de los árboles hacia la delgada línea del horizonte.

Paloma Orozco Amorós, *Historias de la otra tierra*. Ed. Anaya.

Liquen: especie que se forma a partir de un hongo y un alga y que crece en las rocas o cortezas de los árboles de zonas húmedas.

Decrépito: muy viejo.

Comprensión lectora

Después de escuchar o leer el texto, ¡ponte a prueba!

PREGUNTAS EXPRÉS

1 La hoja piensa que el puente es:
- a) De formas perfectas.
- b) Muy viejo.
- c) Viejo y antipático.

2 El puente se queja de:
- a) Que nadie le hace caso.
- b) Que la hoja solo piensa en sí misma.
- c) Que los pájaros con sus trinos le han dejado sordo.

3 La hoja le explica al puente:
- a) Qué es un sueño.
- b) Qué es el horizonte.
- c) Qué es el espacio.

4 La hoja y el puente se despiden porque:
- a) El puente llora tanto que el río casi se desborda.
- b) El sueño de la hoja era volar.
- c) Los ojos del puente se han quedado ciegos.

Trabaja con las palabras clave

1 Elige las palabras y expresiones adecuadas para describir a la hoja y al puente.

La hoja era

El puente era

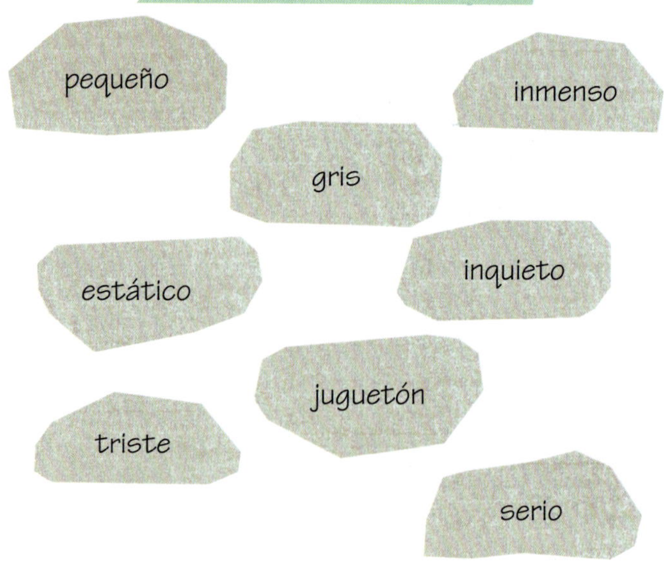

Contesta oralmente

2 ¿Por qué era feliz la hoja?

3 ¿Por qué estaba triste el puente?

4 ¿Por qué llora el puente al final del texto?

5 La palabra **sueño** aparece varias veces en la lectura. ¿A cuál de estos significados crees que se refiere?

- Acto o ganas de dormir.
- Fantasía, ilusión.

Contesta por escrito

6 La hoja y el puente aparecen personificados, es decir, actúan y hablan como si fueran personas. Busca dos ejemplos de cosas que hacen propias de las personas.

7 Escribe qué partes del cuerpo humano referidas al puente se nombran en el texto.

Reflexiona

8 ¿Qué le dijo el puente a la hoja cuando esta quiso irse? Vuelve a leer el texto y exprésalo con tus palabras.

9 Haz un dibujo para representar la amistad entre el puente y la hoja. Debajo, escribe la frase del texto que más te haya gustado.

Relaciona con tu mundo

10 ¿Qué hubieras contestado tú cuando el puente le pregunta a la hoja qué es un sueño?

11 ¿Tienes algún sueño especial? Compártelo con tus compañeros.

Crea tu fichero de lectura

12 Completa la ficha en tu cuaderno.

UNIDAD 14

- Nombre de la autora:
- Título del libro:
- Resumen:
- Opinión:

La r

La **r** tiene dos sonidos: uno suave y otro fuerte.

- El **sonido r suave** se representa siempre con una sola **r**: *cromo, carta, caracol, servir.*
- El **sonido r fuerte** se representa: **rr** entre vocales *(carro, sierra);* **r** al principio de palabra *(roca, río)* y detrás de **l**, **n**, **s** *(enroscar, alrededor, Israel).*

1 Lee estas adivinanzas, resuélvelas y clasifica en tu cuaderno las palabras que lleven sonido r, suave y fuerte:

El roer es mi trabajo,
el queso mi aperitivo,
y el gato ha sido siempre
mi más terrible enemigo.

Alto, altanero,
gran caballero,
gorro rojo,
capa dorada,
espuelas de acero.

2 Copia en tu cuaderno y completa las siguientes palabras con r o rr:

ce_aje_o	_eco_ido	gue_e_o	espa_ague_a
fe_ete_ía	_atone_a	escu_i_	_eglamenta_io
ce_adu_a	ba_e_a	ca_e_a	chata_e_o

3 Copia y completa con r o rr las oraciones siguientes:

– La en_edade_a cub_ía toda la pa_ed delante_a.
– Ma_iano tiene el pelo de colo_ ma_ón cla_o.
– El ai_e se en_eda en el en_amado del na_anjo.
– Debemos hon_ar a nuest_os pad_es.
– En_ique pintó la ca_oza de color do_ado.

4 Copia y completa el cuadro con las siguientes palabras:

Manrique	mirador	garabato	rasguño
enredo	cencerro	pantorrilla	israelita
garrafa	reflejo	marino	renacuajo
alrededor	roca	parrilla	paraíso

Sonido r suave	Sonido r fuerte		
…	Entre vocales	Al principio de palabra	Detrás de l, n, s
…	…	…	…

5 Relaciona las dos columnas de cada bloque y escribe en tu cuaderno las palabras compuestas que se forman:

A

auto	rabias
para	rayos
casca	retrato

B

guarda	ropa
peli	retrato
porta	rojo

6 Con ayuda del diccionario empareja en tu cuaderno las palabras sinónimas:

derramar	licuar
derretir	vencer
derrocar	derribar
derrotar	verter
derrumbar	deponer

Relaciono con la lectura

7 Busca en la lectura inicial dos palabras que cumplan estas reglas:

- Trisílabas con el sonido **r** suave.
- Bisílabas con **r** suave y con diptongo.
- Con el sonido **r** fuerte entre vocales.
- Con el sonido **r** fuerte al principio de palabra.

TALLER DEL DICTADO

Lee el texto antes de hacer el dictado

El agua caía de **forma torrencial**. El **arroyo** aumentó **considerablemente** su caudal. La gente de los **alrededores miraba** hacia el **barrio porque** podía **inundarse**. La **carretera** fue **cubierta por** el agua. La línea de **ferrocarril** hizo de **muro** de contención **entre** el pueblo y el **arroyo**. El viento **rompió** las **ramas** de los **árboles**. Las **piedras** y el **barro invadieron** los **prados**.

Después del dictado

1 Explica cómo es el sonido **r** en estas palabras: **ramas**, **arroyo**, **invadieron**, **árboles**, **carretera**.

2 Clasifica en tu cuaderno las palabras destacadas en el dictado.

Con sonido r fuerte	Con sonido r suave
...	...

Preposiciones y conjunciones

Las **preposiciones** son palabras invariables que sirven para unir unas palabras con otras.

Son preposiciones: **a**, **ante**, **bajo**, **con**, **contra**, **de**, **desde**, **durante**, **en**, **entre**, **hacia**, **hasta**, **mediante**, **para**, **por**, **según**, **sin**, **sobre**, **tras**.

1 Lee el poema, localiza las preposiciones y escríbelas en tu cuaderno.

Manera actual de ser niño

Antonio viaja que viaja
por tierra, por mar, por aire,
va de un continente a otro
porque el mundo ya no es grande,
mira desde su avión
cordilleras y ciudades
como si, soñando aún,
sobre algún mapa trazase
con el dedo rutas, rumbos.
¿Ser hombre es estar de viaje?

Jorge Guillén

2 Copia y completa las siguientes oraciones con preposiciones:

- Comí … mi hermano … el restaurante … la esquina.
- … el letrero ponía: «Pase … llamar».
- … hacer el bizcocho, necesitamos un yogur … limón.
- … tú y yo ordenaremos los libros … la estantería.

3 Completa en tu cuaderno con las preposiciones que faltan:

a, …, bajo, con, …, de, desde, …, en, entre, …, hasta, …, para, por, …, sin, …, tras.

4 Copia estas adivinanzas, averigua a qué río y ciudad se refieren y subraya con rojo las preposiciones:

No me río de mi tío
que es muy majo;
con mi tío voy hacia el río,
río …

De su río hace gala,
en monumentos no es manca
su universidad es sala
de los sabios: …

Antonio A. Gómez Yebra, *Adivinanzas nuevas*. CEDMA.

5 Copia y completa las siguientes oraciones con **al** o **del**:

- Subió … pico más alto … monte.
- … mover la varita mágica salió un conejo … sombrero.
- … entrar nos saludó el capitán … barco.
- Fuimos … polideportivo … pueblo.

Recuerda

Al unir las preposiciones **a** y **de** con el artículo **el** da lugar a las formas **al** y **del**: a + el = **al**; de + el = **del**.

Las **conjunciones** son palabras invariables que se utilizan para relacionar palabras u oraciones.

Son conjunciones: **y, e, ni, más, pero, aunque, porque**…

6 Escribe las conjunciones que hay en las siguientes oraciones:

- Jugarás mañana aunque hayas entrenado poco.
- Mi hermano e Ignacio llegaron los primeros a la meta.
- No lo he traído porque no lo he encontrado.
- Ni lo guisé ni lo comí.

7 Completa con conjunciones los siguientes ejemplos:

- Inés … Ignacio llegaron los primeros.
- No comas tanta fruta … bebas tanta agua.
- Lo haces bien … debes practicar más.
- … no estabas, hemos contado contigo.

8 Observa las fotografías y escribe oraciones en las que utilices preposiciones y conjunciones.

A

B

Relaciono con la lectura

9 Copia y completa el siguiente texto con las preposiciones que faltan:

La hoja iba y venía … un lado … otro, correteando … el aire y jugando … el espacio.

Los extranjerismos

Los **extranjerismos** son las palabras de otros idiomas que se usan en una lengua. Ejemplos: *sport* (deporte), *souvenir* (recuerdo).

1 Relaciona los siguientes extranjerismos con las palabras castellanas correspondientes.

junior	vestíbulo
chat	niño
baby	tienda
boutique	charla
hall	joven

2 Sustituye los extranjerismos de las siguientes oraciones por la palabra española que les corresponda: camarero, barra de pan, baloncesto, afición, admirador, baile artístico.

- El «barman» nos sirvió los zumos de naranja.
- María va a clase de «ballet».
- Compré una «baguette» para hacerme un bocadillo.
- Mi hermano toca el piano por «hobby».
- Antonio es «fan» de ese actor.
- Fuimos a ver un partido de «basket».

Relaciono con la lectura

3 En la oración *La hoja un día le dijo adiós al puente* sustituye la palabra de despedida por estas y di a qué idiomas pertenecen: Agur, Adéu, Bye bye, Adieu.

Juego con el lenguaje

4 Copia y completa el siguiente texto de Julio Llamazares con las siguientes palabras: fiestas, negocios, fiambrera, tebeos, medias, carteles.

Los niños leían … en lugar de *comics*, los jóvenes hacían … en vez de *parties*, los estudiantes pegaban *posters* creyendo que eran …, los empresarios hacían … en vez de *business*, las secretarias usaban … en vez de *panties* y los obreros, siempre tan toscos, sacaban la … al mediodía en vez de *catering*.

Textos periodísticos (III): cartas al director

Cartas al director es la sección del periódico en la que los lectores escriben cartas donde expresan sus opiniones sobre diversos temas.

Leo y hablo

1 Lee la carta que escribieron unos niños italianos a sus padres y que se leyó en el *VI Encuentro La Ciudad de los niños*, celebrado en Madrid del 8 al 10 de abril de 2010. Después, contesta a las preguntas.

Queridos Padres:

¿Os habéis dado cuenta de que nosotros, los niños, no tenemos ni un momento para estar solos? Siempre estáis vosotros o los maestros, o también algún entrenador que nos vigila, nos guía y organiza. Nos gusta jugar con vosotros, pero queremos algunos momentos para nuestras aventuras.

Y, sin embargo, vosotros y los abuelos nos contáis sobre cuando podíais conquistar Roma por vuestra cuenta, dando vueltas por las calles, solos, sin ningún problema. ¿Os dais cuenta de que somos la primera generación que no puede ir y venir por el barrio con libertad?

No está del todo perdido: tal vez para nosotros todavía exista una esperanza. Nuestros maestros, nuestro municipio, contando con nosotros, han ideado construir en el barrio un recorrido minuciosamente pensado y organizado para que podamos ir y venir a la escuela solos.

Os pedimos que nos ayudéis con esto. ¿Cómo? Mirándonos con simpatía mientras, con nuestros maestros y con los responsables del municipio, estemos por las calles estudiando y organizando los mejores recorridos.

Reduciendo la velocidad, respetando a los peatones, yendo a pie siempre que se pueda, por lo menos por las calles del barrio. No solo vosotros, sino también todos los habitantes del barrio deberían reducir, reducir, reducir.

Pero sobre todo, escondiendo vuestra ansiedad y vuestro miedo. Nosotros tenemos derecho a conquistarnos la vida, y también a enfrentarnos con aventuras inesperadas. Sabremos cuidarnos.

Una sonrisa y un abrazo de vuestros queridos hijos.

- ¿Qué quieren los niños de la carta?
- ¿Qué argumento dan para defender lo que quieren?

TALLER DE EXPRESIÓN

Formad grupos y escribid una carta al Ayuntamiento proponiendo medidas para que la vida en la calle de las ciudades o de los pueblos sea más fácil para la gente. No olvidéis dar argumentos. Por ejemplo:

- «Las aceras deberían ser amplias, porque así ...».
- «En los parques debería haber bancos para sentarse, porque así ...».

Prosificar poemas

Para convertir un texto en verso en otro en prosa, hay que eliminar el ritmo, la rima y cambiar la estructura: en lugar de por versos y estrofas, un texto en prosa está formado por oraciones y párrafos.

1 Lee el poema siguiente con atención:

Infancia

No cabe duda: de niño,
a mí me seguía el sol.
Andaba detrás de mí
como un perrito faldero;
despeinado y dulce,
claro y amarillo;
ese sol con sueño
que sigue a los niños.
Saltaba de patio en patio,
se revolcaba en mi alcoba.
Aun creo que algunas veces
lo espantaban con la escoba.
Y a la mañana siguiente
ya estaba otra vez conmigo,
despeinado y dulce,
claro y amarillo;
ese sol con sueño
que sigue a los niños.

Alfonso Reyes, *Antología general de la poesía mexicana*. Ed. Bruguera.

2 Transforma el poema anterior en un texto en prosa, en pasado y en primera persona. Puedes empezar así:

De niño, no me cabe ninguna duda, el sol me seguía …

TALLER LITERARIO

Escribe un poema de cuatro versos a partir de los dos primeros párrafos de la lectura inicial. Puedes empezar así:

Los rayos acariciaban/su piel de color limón.

TAREA

COMPETENCIAS

Soy periodista

Imagina que eres uno de los periodistas de ColePres, el periódico de tu colegio, y que te han encargado completar la portada.

1 Elige uno de los titulares superiores y escribe una noticia.

2 Escribe un titular para las noticias de las páginas 3 y 6 del periódico.

Periódico gratuito del colegio Madrid, octubre de 2014

Gran campaña solidaria: ¡Juguetes para todos!
Cultura

¿Quieres aumentar tu inteligencia? ¡Apúntate a ajedrez!
Deportes

Este sábado, gran plantada de árboles en el barrio.
Medio ambiente

...

Recién inaugurado el curso y con el recuerdo de las vacaciones todavía fresco, nuestro colegio anuncia la convocatoria del certamen «Mi cartera ideal», un concurso de redacción en el que podrán participar los alumnos de Educación Primaria. El objetivo es doble: por una parte, conocer a nuestros futuros inventores y artistas, y por otra, divulgar unas recomendaciones para disminuir el peso de las carteras y evitar así futuras lesiones de espalda. (Pág. 3)

¡Ya estamos en la liga!

Este año nuestro colegio volverá a contar con un fantástico equipo de fútbol integrado por veinte alumnos de esta actividad extraescolar. La novedad es que este año nos estrenamos en competiciones oficiales y nos apuntamos a la liga en la categoría Infantil. En declaraciones a ColePres, la entrenadora del equipo y profesora de Educación Física en el colegio, Lourdes Helguera, expresa su satisfacción y afirma que el equipo ya está muy preparado para enfrentarse a los mejores de la liga y con ánimo de llegar a la final. Nuestro equipo volverá a brillar. (Pág. 5)

...

Cerrar bien los grifos, reciclar, clasificar nuestros desperdicios, apagar las luces innecesarias, no desaprovechar papel... Dentro del colegio también nosotros podemos contribuir a proteger el planeta. Descubre nuestro decálogo de gestos ecológicos. (Pág. 6)

Repaso de la unidad

RESUMO

Copia y completa el esquema de contenidos.

Ortografía

- La **r** tiene dos sonidos: uno … y otro …
- El sonido … se representa con una sola **r**.
- El sonido **r** fuerte se representa:
  - **rr** entre …
  - **r** al principio de …
  - **r** detrás de …, …, …

Gramática

- Las **preposiciones** son … Son preposiciones …
- Las **conjunciones** son … Son conjunciones …
- La unión de las preposiciones **a** y **de** con el artículo … da lugar a las formas **al** y **del**.

Vocabulario

- Los **extranjerismos** son …

Expresión oral y escrita

- **Cartas al director** es la sección del periódico en la que …

Literatura

- Para convertir un texto en verso en otro en prosa, hay que …

1 Copia y completa estas palabras con r o rr:

_ozadu_a	fe_oca_il	_efe_encia
gua_daba_e_as	chata_e_o	he_adu_a
a_oce_o	_adiog_afía	ce_adura

2 Con ayuda del diccionario relaciona cada palabra con su significado: ringorrango, run-rún, chapurrear.

- Hablar con dificultad un idioma.
- Zumbido, ruido o sonido continuado y bronco.
- Adorno superfluo y extravagante.

3 Copia y completa cada una de las oraciones con la misma preposición.

– … esas gafas verás … más precisión.

– … las nueve iré … casa … cenar.

– … ese camino, llegamos … casualidad.

4 Copia y subraya las conjunciones.

– Aunque el equipo de baloncesto entrenó mucho, no ganó ningún premio.

– Juan y Carolina hablarán del tema con el tutor del curso.

– No me gusta ni uno ni otro.

5 Copia la sopa de letras y localiza los extranjerismos que se usan para nombrar lo que representan los dibujos.

A	M	O	B	S	P	T
R	C	W	A	M	U	C
S	L	I	L	O	Y	H
O	I	K	L	U	A	E
T	P	H	E	S	L	F
R	A	G	T	E	N	L

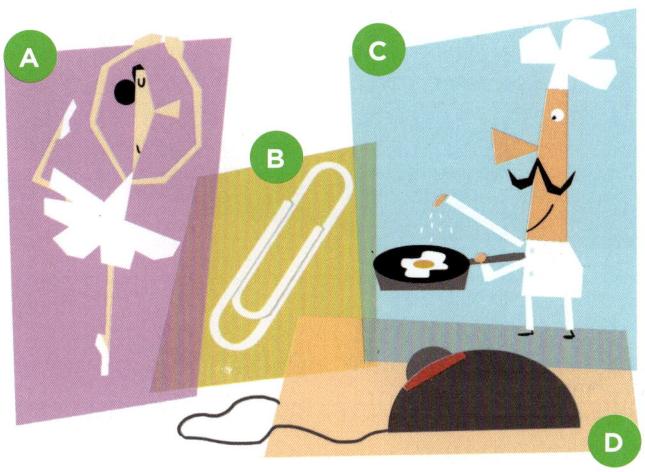

AVANZO

6 Escribe tres palabras con rr que sean:

- Bisílabas: ..., ..., ...
- Trisílabas: ..., ..., ...
- Polisílabas: ..., ..., ...

7 Escribe oraciones en las que utilices las siguientes palabras:

arrecife	rescate	marinero
embarcación	puerto	alrededores

8 Copia las oraciones, rodea las preposiciones y subraya las conjunciones:

- Se sentó en un sofá y pidió un café.
- Se comió el puré aunque no le gustaba.
- Se quedó con la boca abierta.
- Me lo dijo por teléfono, pero no me acuerdo.
- Ponte gafas para protegerte de la luz o lo pasarás mal.

9 Copia y completa las siguientes frases hechas con preposiciones:

- ... buen entendedor, pocas palabras bastan.
- Durar menos que un pastel ... la puerta ... un colegio.
- Todos ... uno y uno ... todos.
- Dejar ... un palmo ... narices.

10 Copia y sustituye los extranjerismos destacados por la palabra en castellano equivalente.

- El periodista le hizo una **interviú** para la revista.
- Quedé con Óscar en el **hall** del hotel.
- Cuando vayas a China, cómprame un **souvenir**.

DICTADO: Lee con atención antes de hacer el dictado.

Cuando solo tenía ocho años, Pablo Picasso sabía dibujar con más realismo que su propio maestro, por lo que inventó nuevas maneras de representar a las personas y las cosas. El resultado puede ser de lo más extraño. Por ejemplo, la boca de esta mujer está en una dirección distinta al resto de la cara. Sus ojos parecen mirarnos de frente, pero sus labios y sus dientes están de perfil (vistos de lado). Es como si pudiésemos verla desde dos direcciones distintas al mismo tiempo.

VV. AA., *El A B C del arte para niños*. Ed. Phaidon.

15 Platero

Lee mejor

Lectura en voz alta

Juan Ramón Jiménez es el autor de este poético texto. Este magnífico poeta nunca olvidó sus orígenes andaluces, ni los paisajes de su tierra. **Escucha** el texto y observa cómo expresa su amor por Platero, un burrito. Fíjate en las expresiones que utiliza, los adjetivos, las imágenes que sugiere a través de las palabras.

Después, elige un fragmento y **léelo en voz alta** teniendo en cuenta todos estos aspectos.

Azabache: piedra dura de color negro.

Gualdo: amarillo.

Platero es pequeño, peludo, suave; tan blando por fuera, que se diría todo de algodón, que no lleva huesos. Solo los espejos de azabache de sus ojos son duros cual dos escarabajos de cristal negro.

Lo dejo suelto, y se va al prado, y acaricia tibiamente con su hocico, rozándolas apenas, las florecillas rosas, celestes y gualdas… Lo llamo dulcemente: «¿Platero?», y viene a mí con un trotecillo alegre que parece que se ríe, en no sé qué cascabeleo ideal…

Idilio de abril

Los niños han ido con Platero al arroyo de los chopos, y ahora lo traen trotando entre juegos sin razón y risas desproporcionadas, todo cargado de flores amarillas. Allá abajo les ha llovido —aquella nube fugaz que veló el prado verde con sus hilos de oro y plata, en los que tembló, como en una lira de llanto, el arco iris—. Y sobre la empapada lana del asnucho, las campanillas mojadas gotean todavía.

¡Idilio fresco, alegre, sentimental! ¡Hasta el rebuzno de Platero se hace tierno bajo la dulce carga llovida! De cuando en cuando, vuelve la cabeza y arranca las flores a que su bocota alcanza. Las campanillas, níveas y gualdas, le cuelgan un momento, entre el blanco babear verdoso y luego se le van a la barrigota cinchada. ¡Quién, como tú, Platero, pudiera comer flores…, y que no le hicieran daño!

¡Tarde equívoca de abril!... Los ojos brillantes y vivos de Platero copian toda la hora de sol y lluvia, en cuyo ocaso, sobre el campo de san Juan, se ve llover, deshilachada, otra nube rosa.

Pasan los patos

He ido a darle agua a Platero. En la noche serena, toda de nubes vagas y estrellas, se oye, allá arriba, desde el silencio del corral, un incesante pasar de claros silbidos.

Son los patos. Van tierra adentro, huyendo de la tempestad marina. De vez en cuando, como si nosotros hubiéramos ascendido o como si ellos hubiesen bajado, se escuchan los ruidos más leves de sus alas, de sus picos, como cuando, por el campo, se oye clara la palabra de alguno que va lejos…

Platero, de vez en cuando, deja de beber y levanta la cabeza como yo a las estrellas, con una blanca nostalgia infinita…

Juan Ramón Jiménez, *Platero y yo*. Ed. Alianza.

Níveo: de la nieve o semejante a ella.

Cinchado: con la albarda o silla asegurada sobre la cabalgadura por una faja de cáñamo, lana, cerda, cuero o esparto.

Ocaso: puesta del sol.

Corral: sitio cerrado y descubierto, en las casas o en el campo, que sirve habitualmente para guardar animales.

Comprensión lectora

Después de escuchar o leer el texto, ¡ponte a prueba!

PREGUNTAS EXPRÉS

1 Platero es:

a) Un burro grande, torpe y testarudo.

b) Un burro pequeño, tierno y mimoso.

c) Un burro pequeño, torpe y bastante testarudo.

2 Platero vuelve del campo:

a) Al caer la tarde, mojado, cubierto de flores y acompañado por los niños.

b) Al caer la tarde, cubierto de flores y solo.

c) Al mediodía, mojado, cubierto de flores y acompañado por los niños.

3 Según el texto, ¿qué es lo que escuchan Platero y el poeta?

a) Los silbidos de los niños.

b) Los silbidos de los pájaros.

c) Los silbidos de los patos.

4 Los lugares en los que aparece Platero son:

a) El prado, el arroyo, el corral de la casa del poeta.

b) El prado, la plaza del pueblo, el corral de la casa del poeta.

c) El prado y el arroyo.

Trabaja con las palabras clave

1 Selecciona las palabras que mejor describen lo que se dice de Platero.

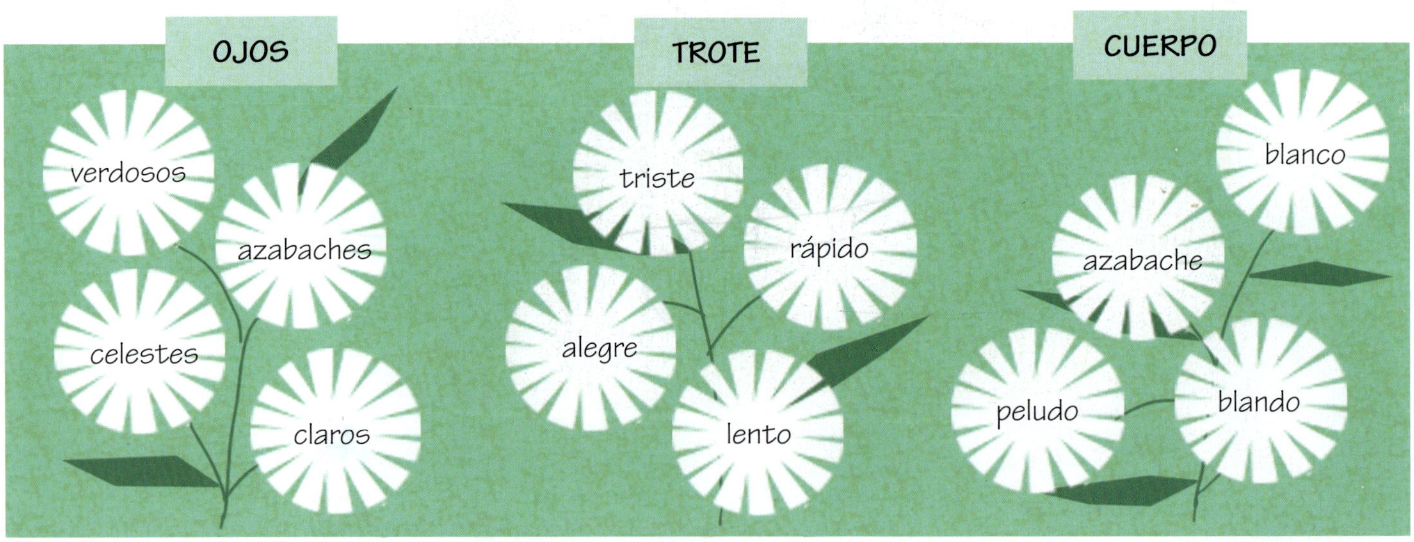

Contesta oralmente

2 ¿Cómo es físicamente Platero? ¿Cómo es su carácter?

3 ¿Por qué vuelve Platero cargado de flores amarillas?

4 ¿A dónde se dirigen los patos que Platero y el poeta ven volar? ¿De qué huyen?

Contesta por escrito

5 Escribe a qué se refieren las comparaciones siguientes:
- Como el algodón.
- Cual dos escarabajos de cristal.
- Como cuando en el campo se oye clara una palabra lejana.
- Parece que se ríe.

6 Completa en tu cuaderno las metáforas siguientes:
- Los ojos de Platero son …
- Las gotas de la lluvia son …

7 Escribe el nombre al que se aplican estos adjetivos de color: rosas, celestes, gualdas, níveas.

Reflexiona

8 ¿De qué crees que sienten nostalgia el poeta y Platero al finalizar el texto?

Relaciona con tu mundo

9 El burro ha sido considerado un animal terco y poco inteligente. Pero, en realidad, ha prestado grandes servicios a la humanidad. Ahora es un animal en peligro de extinción. Buscad información en la página web de algunas de las asociaciones protectoras y comentad vuestras impresiones.

Crea tu fichero de lectura

10 Completa la ficha en tu cuaderno.

UNIDAD 15
- Nombre del autor:
- Título del libro:
- Resumen:
- Lo que más me ha emocionado de la lectura…

La c y cc

1 Observa las dos escenas y completa en tu cuaderno los bocadillos.

Se escriben con **-cc-** las palabras que tengan en la misma familia alguna otra palabra que contenga el grupo **-ct-**.

Ejemplo: *direc**t**or* > *direc**c**ión*

2 Escribe en tu cuaderno otra palabra de la misma familia que tenga el grupo -ct-. Ejemplo: *redacción* < *redactora.*

reacción	selección	instrucción
producción	traducción	perfección

3 Completa el cuadro en tu cuaderno:

proyectar	proyector	proyección
construir	…	….
inspeccionar	…	…
reducir	…	…
dirigir	…	…
corregir	…	…

4 Completa en tu cuaderno con c o cc:

ova_ión	se_ión	perfe_ión	trasla_ión
fra_ión	edi_ión	san_ión	o_idente
evalua_ión	exposi_ión	di_ionario	calefa_ión

5 Relaciona en tu cuaderno las definiciones con la palabra correspondiente: acción, acceso, accidente, accesorio.

- Entrada o paso.
- Que depende de lo principal, secundario.
- Suceso que altera el orden de las cosas.
- Resultado de hacer.

6 Copia y completa con cc o ct:

- Hugo tiene una cole_ión de coches.
- La inspe_ora comenzó a inspe_ionar la zona quemada.
- Era un a_or muy atra_ivo.
- El médico le recetó unas inye_iones algo dolorosas.

Relaciono con la lectura

7 Completa la oración en tu cuaderno con las palabras reaccionó, insectos, infección, coces e inyección:

El burrito … dando … cuando le pusieron la … por la …; de la misma manera que cuando le picaron los …

TALLER DEL DICTADO

Lee el texto antes de hacer el dictado

La profesora nos dio las **instrucciones** necesarias para realizar la **corrección** de la prueba sobre las **fracciones**. Cuando comprobé que la mayoría de ejercicios los tenía **correctos** y que no había ninguna **objeción** a las **operaciones** que había realizado, no pude reprimir una **reacción** de alegría.

Después del dictado

1 Escribe las palabras destacadas en el texto en orden alfabético.

2 Escribe una oración con cada una de las palabras siguientes: **corrección**, **operaciones** e **instrucciones**.

Los complementos del verbo

Ya sabes que **predicado** es la palabra o conjunto de palabras que indica lo que hace o se dice del sujeto. El predicado puede ser:

- **Verbal**, cuando tiene como núcleo cualquier **verbo**, excepto *ser*, *estar* y *parecer*.
- **Nominal**, cuando lleva *ser*, *estar* y *parecer*.

Mi profesora **tiene un coche rojo.**

Pablo **ha regalado un coche a su hija.**

Luis **limpiará el coche mañana.**

Las palabras que acompañan al verbo y completan su significado se llaman **complementos**.

Algunos **complementos** del predicado son:

- El complemento **directo** (CD): indica la persona, animal o cosa a la que se refiere el verbo: *Mi profesora tiene* ***un coche rojo***.
- El complemento **indirecto** (CI): indica a quién o a quiénes va destinada la acción del verbo. Siempre va precedido de la preposición **a**: *Pablo ha regalado un coche* ***a su hija***.
- El complemento **circunstancial** (CC): modifica al verbo e indica circunstancias de lugar, tiempo, modo…: *Luis limpiará el coche* ***mañana***.

1 Copia las oraciones y subraya con colores diferentes el núcleo del predicado y sus complementos:

- El jardinero echa abono en el jardín.
- Francisco envió un regalo a su hermano Alberto.
- Mi padre abrirá una tienda.
- El médico escayoló la pierna.
- El peluquero cortó el pelo a José.

3 Copia las siguientes oraciones y subraya con colores diferentes el núcleo del predicado y el complemento directo:

- Mi amigo Rafael trajo el pan.
- Lorena partió la tortilla.
- Antonio compró varios refrescos.
- Pedro y Gloria pusieron el mantel.
- Todos comimos los bocadillos.

4 Completa estas oraciones con un complemento indirecto:

- El joyero entregó el collar …
- El escritor regaló un libro …
- La profesora corrigió los cuadernos …
- La actriz firmó un autógrafo …
- La poetisa dedicó su obra …

5 Copia las oraciones y subraya los complementos circunstanciales:

- Mariano compró en el supermercado.
- Has llegado muy tarde.
- Mi perro come muy deprisa.
- Mis amigos y yo jugamos en el parque.
- Llegaré mañana.

6 Observa los dibujos y completa el predicado de las oraciones con complementos:

El gato caza …

El técnico arregló …

La gallina puso …

Relaciono con la lectura

7 Copia y subraya con colores diferentes el sujeto, el verbo y los complementos de las oraciones:

- Platero come florecillas rosas.
- Las campanillas mojadas gotean todavía.

Las abreviaturas

La **abreviatura** representa a una palabra solo por su letra inicial o por su letra inicial acompañada por otras letras. Ejemplos: *D.* por *don; Ud.* por *usted; m.* por *masculino.*

Las abreviaturas se cierran con un punto. Ejemplos: *etc., Sra.*

1 Relaciona cada abreviatura con la palabra que representa:

máx.	femenino
avda.	izquierda
f.	página
izda.	máximo
pág.	avenida

2 Escribe las palabras que representan las siguientes abreviaturas: dcha., ej., gta., dto., Sres., núm., dra., Ayto.

3 Completa estas oraciones con abreviaturas.

- Esa calle sale de la …, en el primer cruce a la …
- Compré el traje muy barato, me hicieron un buen …
- Dime nombres de aves, por …, ruiseñor.
- Compró el décimo de lotería en la … del barrio.

Juego con el lenguaje

4 Escribe las abreviaturas que corresponden a las palabras destacadas en estos dibujos.

A

B

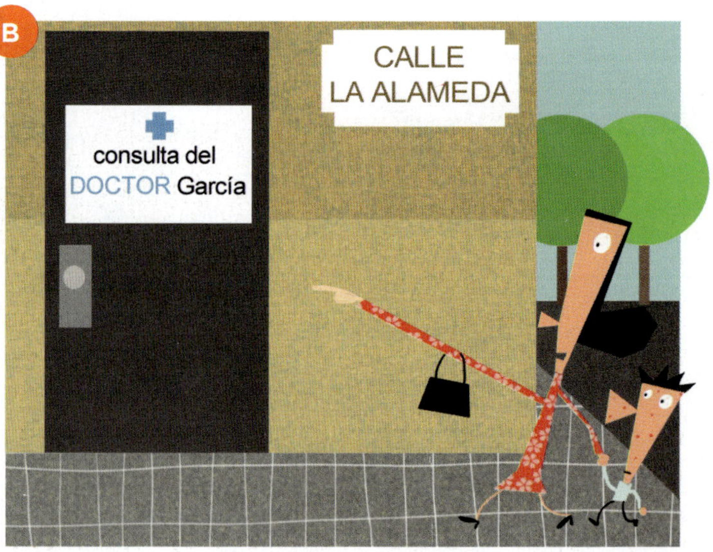

La entrevista

La **entrevista** es una conversación entre dos o más personas: un entrevistador y un entrevistado o entrevistados. El objetivo de una entrevista es dar a conocer cómo es u opina alguien.

En la entrevista se suelen distinguir tres partes:

- Presentación de la persona entrevistada.
- Preguntas.
- Conclusión.

Escucho

22

1 Escucha las preguntas que le han hecho en una entrevista a Paulino, un niño de once años nacido en Guinea-Bisáu, y a Songül, una niña de diez años nacida en Turquía. Las dos entrevistas están recogidas en el libro de B. Schnippenkoetter, *Los niños responden,* de la editorial Oniro.

Hablo

2 Localizad en un mapa dónde se encuentran Guinea-Bisáu y Turquía. Después, formad grupos y compartid vuestras respuestas a estas preguntas:

a) ¿Qué has sentido al escuchar las respuestas de Paulino y de Songül?

b) ¿Qué datos te han resultado más sorprendentes?

c) ¿Son muy diferentes sus vidas a la tuya? ¿Por qué?

d) ¿Cuál es tu conclusión?

Vista panorámica de Estambul (Turquía), con la antigua basílica Santa Sofía, al fondo.

TALLER DE EXPRESIÓN

Añade a la entrevista dos preguntas más para Paulino y para Songül. Después, con los datos obtenidos escribe una breve biografía de cada uno.

Poesías sin rima

En los poemas no siempre los versos tienen rima, ni repiten el número de sílabas.

A veces, el poema sin rima tiene la forma de un objeto o del tema tratado en el texto. Un ejemplo son los **caligramas**, que son poemas en los que se mezclan dibujos y palabras.

1 Lee en voz alta este poema. En él una madre se despide de su niña el primer día que esta va en el autobús escolar a la guardería:

Pareces dibujada en los cristales
mientras dices adiós con la sonrisa.
¿Qué sentirás
ausente de mis brazos?
¿Serás feliz?
¿Te internarás en selvas y en milagros?
¿Qué noches,
qué peligros
o qué amor?
Ni tú ni yo sabemos
niña de fuego y alas
mientras dices adiós con tu sonrisa.

E. Ortega, *Lo que va a ser de ti*. Ed. Plaza Janés.

- ¿Rima algún verso?

TALLER LITERARIO

Observa el caligrama del poeta José Juan Tablada.

Un pájaro que trina
musical y breve.
Como una ocarina
en un almendro
florido de nieve.

Ahora intenta convertir estos versos en un caligrama:

¡Qué despejada la frente!
Las cejas rubio horizonte
que separa el mar del cielo.

TAREA

COMPETENCIAS

Organizamos un concurso

¿Tocas algún instrumento?
¿Se te dan bien los trucos de magia?
¿Eres especialista en dinosaurios?
¿Imitas bien a los animales?
¿Tu afición es la cocina?
¿Eres el rey del balón?
¿Cantas de maravilla?
¿Lo tuyo es la acrobacia?
¡Ven a enseñárnoslo!

En grupo

1 Todos tenemos un talento escondido. Imaginad que vuestro profesor o profesora os pide organizar un concurso de talentos. Para llevarlo a cabo, podéis seguir estas instrucciones:

- Colocad un folio en la pared o en el corcho para que los compañeros y compañeras que deseen participar se apunten.
- Dibujad un cartel anunciando el concurso y colocadlo en la pared o en el corcho del aula.

2 Probablemente necesitaréis la ayuda de vuestros familiares para preparar vuestro número. Redactad una circular para informar a las familias de la celebración del concurso, con las fechas y las bases del mismo. Luego, elegid entre todos la mejor circular y enviádsela a todas las familias.

3 El día del concurso, votad los tres números que os hayan parecido más interesantes. Valorad los números preparados por vuestros compañeros y compañeras: ¡todos los talentos son necesarios!

REPASO DE LA UNIDAD

RESUMO

Copia y completa el esquema de contenidos.

Ortografía

- Se escriben con **-cc-** las palabras que tienen en su misma familia alguna otra palabra que contenga el grupo …

Gramática

- El **predicado** puede ser … o **nominal**.
- Los complementos del predicado verbal son:
  - …
  - …
  - …

Vocabulario

- La **abreviatura** representa a una palabra solo por su letra inicial o por …
- Las **abreviaturas** se cierran con un …

Expresión oral y escrita

- En la **entrevista** se suelen distinguir tres partes:
  - …
  - …
  - …

Literatura

- Los **caligramas** son …

1 Copia y completa estas palabras con c o cc:

adi_ión	rela_ión
infe_ión	secre_ión
mo_ión	por_ión
contra_ión	redu_ión
asocia_ión	inspe_ión

2 Copia y completa el cuadro con palabras de la misma familia:

-ct-	-cc-
…	conducción
afectivo	…
protector	…
…	atracción
productivo	…
…	adicción

3 Copia el texto y completa las palabras con c o cc:

La Dire_ión General de Tráfico ha dado la rela_ión de los a_identes ocurridos el pasado fin de semana. En la mayor parte de ellos, la infra_ión más frecuente fue el ex_eso de velo_idad. Los condu_ores deberán respetar las normas y estar atentos a las señales para conseguir una buena condu_ión.

4 Copia y subraya el verbo y el complemento directo:

- Mi amiga Sandra me regaló un bolso.
- Ayer compramos nueces y almendras.
- El carpintero restauró el mueble.
- El libro tiene muchos dibujos.
- La profesora dictaba una poesía.

5 Escribe una oración con un complemento directo y un complemento indirecto.

6 Copia y subraya el verbo y el complemento circunstancial:

– Cogí el autobús en la propia estación.
– Mañana llegarán los ingenieros.
– Laura se lava los dientes muy bien.

7 Relaciona en tu cuaderno cada abreviatura con la palabra correspondiente:

s.	artículo
dir.	siglo
art.	céntimo
cént.	santo
sto.	director

AVANZO

8 Busca el significado de las palabras cine, ficción y proyección y escribe una oración en la que aparezcan las tres.

9 Escribe en orden alfabético diez palabras que contengan cc o ct.

10 Copia y completa las oraciones con estas palabras: extracción, calefacción, protección, confección.

– En el edificio había … central.
– Es muy buena la … de ese traje.
– Fue fácil la … de su muela.
– Los ciclistas llevaban puesto el casco de … en la cabeza.

11 Copia y completa los siguientes predicados con un complemento:

– Laura compró …
– Los jugadores ganaron …
– Aquel hombre tenía …
– Su tío riega …
– El fotógrafo hizo …

12 Escribe en tu cuaderno las abreviaturas de:

página	adjetivo	avenida
directora	número	calle

DICTADO: Lee con atención antes de hacer el dictado.

Las picaduras de insectos suelen ser inofensivas. Escuecen y dejan enrojecida la piel alrededor del punto por donde ha entrado el aguijón. La extracción del aguijón se suele hacer con una pinza. El agua fría y el hielo hacen que disminuya la inflamación.

Hay personas que tienen una reacción alérgica al veneno inyectado por una picadura de insecto; eso les afecta todo el cuerpo y se manifiesta con dolor torácico, náuseas, mareos y pérdida de conocimiento.

Repaso trimestral

Ortografía

1 Copia y completa como en los ejemplos: país, patinar, embalar, lengua, correa, reciclar, camuflar, venda, tatuar, aprender, ola, andamio, rama, abordar.

Nombre	Terminados en -aje
país	*paisaje*
...	...
Verbo	**Terminados en -aje**
patinar	*patinaje*
...	...

2 Copia y completa el siguiente cuadro con las formas verbales correspondientes:

verbo	presente	pasado	futuro
haber	*has*	*hubiste*	...
hablar	...	...	*hablarás*
hacer	...	*hiciste*	...
habitar	...	...	...
hallar	*hallas*	...	...

3 Copia y completa las palabras del texto con ll o y:

A_er por la tarde, unos pescadores ha_aron cerca de la pla_a una ba_ena desorientada. Con la a_uda de los servicios de protección de la naturaleza, la _evaron mar adentro.

4 Escribe diez palabras que contengan r o rr en orden alfabético.

Gramática

5 Indica el modo en el que está la forma verbal de estas oraciones y lo que expresa.

- Quizás haya llegado ya.
- ¡Venid inmediatamente!
- Tal vez venga mañana a nuestra casa.
- ¡Ojalá premien mi dibujo en el concurso!

6 Copia este poema, subraya los adverbios y di de qué clase son.

La pena y lo que no es pena,
todo es pena para mí,
ayer penaba por verte
hoy peno porque te vi.

Antonio Machado

7 Copia esta sopa de letras y localiza ocho preposiciones.

S	B	A	J	O	T
C	H	P	P	D	M
O	A	O	A	D	U
N	C	R	R	E	S
S	I	N	A	N	O
H	A	S	T	A	L

8 Copia y subraya el complemento directo de estas oraciones:

- La lluvia inundó las casas viejas.
- Escribió una carta por la mañana.
- Arreglaron la habitación principal.
- He visto una película muy buena.
- El perro se lame la herida.
- Me regaló un cuadro extraño.

Vocabulario

9 Si del adjetivo espeso se deriva el sustantivo espesura, ¿qué sustantivo se derivará de los siguientes adjetivos?

culto	dulce
harto	hermoso
bravo	verde

10 Copia y subraya las palabras que pertenecen al campo semántico de relaciones de parentesco:

vecino	sobrino	cuñado
biznieto	colega	nuera
compatriota	amigo	esposo

11 Sustituye los extranjerismos por las palabras españolas equivalentes: regate, espectáculo, jefe de cocina, panceta.

- Nos vino a saludar el *chef* cuando estábamos terminando de comer.
- Me gustó el bocadillo de *bacon* y pimientos verdes.
- El delantero hizo un *dribling* que dejó sentado al defensa.
- El *show* de los animales fue muy divertido.

DICTADO: Lee con atención el texto para preparar el dictado.

Hay pocos animales tan atractivos como el zorro. Un macho mide unos noventa centímetros incluyendo la cola. Es un animal especialmente hermoso, ¡es una joya! Sobre todo con su gruesa piel invernal, naranja rojizo, con rayas blancas, una mancha blanca rematando la cola, elegantes orejas negras, al igual que las «botas». A todo ello, hay que añadir su característica más distintiva: ¡su afilado hocico! A él debe su popularidad y su fama de astuto.

Rien Poortvliet, *El mundo de los animales*.
Ed. Plaza Joven. (Texto adaptado).

23 **RINCÓN POÉTICO:** Memoriza y recita el poema.

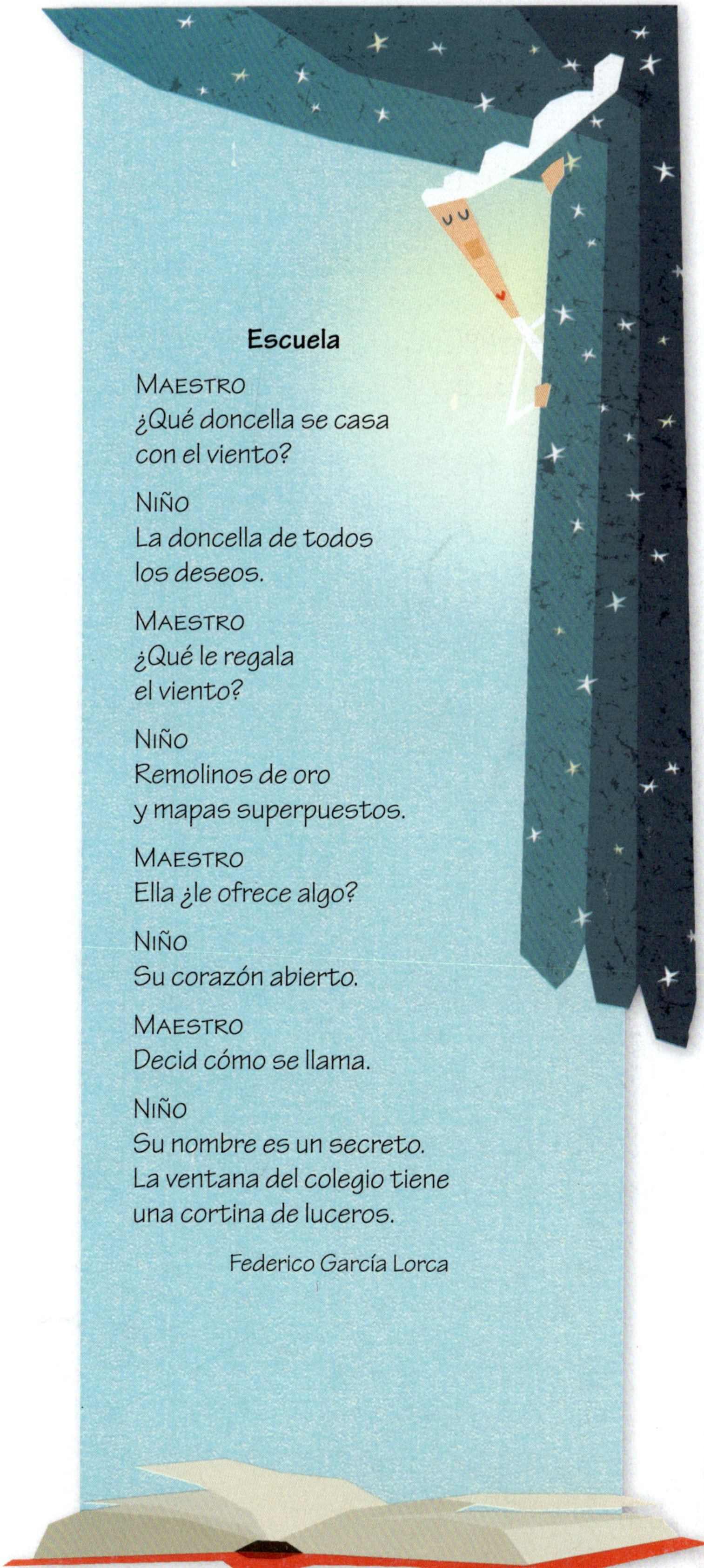

Escuela

MAESTRO
¿Qué doncella se casa
con el viento?

NIÑO
La doncella de todos
los deseos.

MAESTRO
¿Qué le regala
el viento?

NIÑO
Remolinos de oro
y mapas superpuestos.

MAESTRO
Ella ¿le ofrece algo?

NIÑO
Su corazón abierto.

MAESTRO
Decid cómo se llama.

NIÑO
Su nombre es un secreto.
La ventana del colegio tiene
una cortina de luceros.

Federico García Lorca

Apéndice

Reglas ortográficas:
En estas páginas encontrarán las reglas ortográficas que has estudiado en este curso.

Conjugaciones verbales:
- Las conjugaciones de los verbos **hablar**, **beber** y **vivir** que te servirán de modelo para todos los verbos regulares de la 1.ª, 2.ª y 3.ª conjugación.
- Las conjugaciones de los verbos irregulares: **haber** (que te servirá para aprender mejor las formas compuestas de todos los demás verbos), **ser**, **estar**, **andar** y **caber**.

Sílabas tónica y átona: Sílaba **tónica** es la que pronunciamos con mayor fuerza de voz. Las demás sílabas de la palabra se llaman **átonas**.

Según el lugar que ocupa la sílaba tónica, las palabras pueden ser: **agudas**, **llanas** y **esdrújulas**.

La tilde: En algunas palabras la **sílaba tónica** va marcada con una rayita (´). A esta rayita la llamamos **tilde**:

Llevan tilde:

- Las palabras agudas que terminan en **vocal**, en **-n** o en **-s**: *café, salón, ciprés.*
- Las palabras llanas que terminan en consonante que no sea ni **-n**, ni **-s**: *árbol, lápiz.*
- Todas las palabras esdrújulas: *árbitro.*

El diptongo: El **diptongo** es la unión de dos vocales que se pronuncian en una **misma sílaba**. Una de las vocales tiene que ser abierta **(a, e, o)** y la otra cerrada **(i, u)**, o las dos cerradas.

- Cuando el diptongo está formado por una abierta **(a, e, o)** y otra cerrada **(i, u)**, la tilde se coloca sobre la vocal abierta: *adiós.*
- Cuando el diptongo está formado por dos vocales cerradas, la tilde se coloca sobre la segunda vocal: *construí.*

El hiato: El **hiato** es el encuentro de dos vocales que se pronuncian en **sílabas distintas**. Los hiatos pueden estar formados:

- Por dos vocales abiertas. En este caso, se acentúan según las normas generales de acentuación: *trocéalo, caos.*
- Por una vocal abierta y una cerrada. La tilde se coloca sobre la vocal cerrada: *actúas.*

El punto (.): Se utiliza para señalar el final de una oración **(punto y seguido)**; de un párrafo **(punto y aparte)** o de un escrito **(punto final)**.

Al empezar un escrito y después de punto se escribe letra **mayúscula**. También se utiliza punto en las **abreviaturas**.

Los dos puntos (:): Se utilizan detrás de fórmulas de saludo *(querido profesor: …)*; delante de una enumeración *(seguid estos pasos: …)*; delante de una cita textual que va entre comillas *(él me dijo: «te invito a mi cumple»).*

Los puntos suspensivos (…): Se utilizan para indicar que el enunciado no está completo.

La coma (,): Es un signo ortográfico que indica una pausa breve al hablar o al escribir. Se escribe:

- Para separar palabras de una enumeración.
- Cuando se interrumpe el sentido de una oración y se intercalan palabras o frases.
- Para separar del resto de la oración el nombre de la persona a la que nos dirigimos.
- Antes y después de expresiones como: *por ejemplo, por último, es decir…*

El punto y coma (;): Indica una pausa mayor que la coma y menor que el punto. Se escribe:

- Para separar oraciones cuyos significados tienen relación.
- Para separar, en una oración, distintas partes cuando ya hay alguna coma.

El guion (-): El **guion** es un signo ortográfico que se emplea para dividir una palabra al final de un renglón: *agua-cate, aguaca-te*, y para separar palabras compuestas: *teórico-práctico.*

La raya (—): La **raya** es un signo ortográfico que se utiliza para señalar las intervenciones de los personajes de un diálogo. También se usa la raya antes y después de una aclaración.

Uso de la b: Se escriben con **b**:

- Las palabras que comienzan por **bu-**, **bur-**, **bus-**: *buñuelo, burbuja, buscar.*
- Los verbos terminados en **-bir**, excepto **hervir**, **servir** y **vivir**: *recibir.*
- Las terminaciones **-aba**, **-abas**, **-ábamos**, **-abais**, **-aban** de los verbos de la primera conjugación: *cantaba, buscábamos.*
- Las palabras en las que la **b** va delante de otra consonante: *mueble, objeto.*
- En todas las formas de los verbos **haber**, **beber** y **deber**: *había, bebió* y *debe.*

Uso de la v: Se escriben con **v**:

- Los adjetivos que terminan en **-ava**, **-ave**, **-avo**, **-eva**, **-eve**, **-evo**, **-iva**, **-ivo**: *brava, suave, octavo, breva, breve, nuevo, festiva, vivo.*
- Los números y las estaciones del año: *nueve, verano.*
- Las palabras que comienzan por **adv-**: *adviento.*
- Las formas del verbo **ir** en las que aparezca este sonido, excepto las del pasado: *voy, vas…*

La g y la diéresis: La **g** suena fuerte delante de **e**, **i**: *geranio, girasol.* Suena suave delante de **a**, **o**, **u**: *gallo, gota, gusano.* Para que suene suave hay que escribir **gu**: *hoguera.*

La **diéresis** son los dos puntos que se escriben sobre la **u** para que suene en las sílabas **güe**, **güi**: *vergüenza.*

- Se escriben con **g** las palabras que empiezan por **geo-**, **gen-** y **gest-**: *geología, gentil, gesto.*
- Los verbos terminados en **-ger**, **-gir** y **-gerar**, excepto **tejer** y **crujir**: *proteger, sumergir, refrigerar,* y las palabras que terminan en **-gen**: *origen.*

Uso de la j: Se escriben con **j** las palabras que comienzan por **aje-**, aunque hay algunas excepciones *(agenda, agente…)* y por **eje-**: *ajedrez, ejecutar,* o que terminan en **-aje**, **-eje**, **-jero**; **-jera** y **-jería**: *potaje, despeje, cajero, conserjería* y algunas formas del verbo **traer**.

Uso de la h: Se escriben con **h** las palabras que empiezan por **hia-**, **hie-**, **hue-**, **hui-**: *hiato, hielo, hueso, huida* y las que están formadas por los prefijos **hecto-**, **hepta-**, **hexa-**, **hemi-**, **hiper-** y las formas de los verbos **haber**, **hablar**, **hacer**, **hallar** y **habitar**.

Ll: Se escriben con **ll** las palabras que terminan en **-illa**, **-illo**, **-ullo** (excepto **tuyo** y **suyo**): *bombilla, novillo, barullo,* y los verbos cuyo infinitivo termina en **-ellar**, **-illar**, **-ullar**, **-ullir**.

La y: Se escriben con **y** algunas formas de los verbos cuyo infinitivo no tiene ni **ll** ni **y**: *leyó;* algunas formas de los verbos cuyo infinitivo acaba en **-uir**: *disminuyó;* las palabras que tienen la sílaba **-yec-**: *proyectil;* los plurales de las palabras que acaban en **-y**: *leyes.*

La r: El sonido **r** suave se representa con una sola **r**: *perdida.* El sonido **r** fuerte se representa: como **r** si va a principio de palabra: *rota;* como **r** si va detrás de **l**, **n**, **s**: *alrededor, Enriqueta, Israel;* si va entre vocales se representa como **rr**: *arroyo.*

La c y cc: Se escriben con **cc** las palabras que tienen en su misma familia léxica alguna palabra que contenga el grupo **-ct-**: *acción.*

Hablar

VERBO REGULAR • 1ª CONJUGACIÓN

INDICATIVO

	FORMAS SIMPLES	FORMAS COMPUESTAS
	Presente	**Pretérito perfecto compuesto**
yo	hablo	he hablado
tú	hablas	has hablado
él/usted	habla	ha hablado
nosotros	hablamos	hemos hablado
vosotros	habláis	habéis hablado
ellos/Uds.	hablan	han hablado
	Pretérito imperfecto	**Pretérito pluscuamperfecto**
yo	hablaba	había hablado
tú	hablabas	habías hablado
él/usted	hablaba	había hablado
nosotros	hablábamos	habíamos hablado
vosotros	hablabais	habíais hablado
ellos/Uds.	hablaban	habían hablado
	Pretérito perfecto simple	**Pretérito anterior**
yo	hablé	hube hablado
tú	hablaste	hubiste hablado
él/usted	habló	hubo hablado
nosotros	hablamos	hubimos hablado
vosotros	hablasteis	hubisteis hablado
ellos/Uds.	hablaron	hubieron hablado
	Futuro simple	**Futuro compuesto**
yo	hablaré	habré hablado
tú	hablarás	habrás hablado
él/usted	hablará	habrá hablado
nosotros	hablaremos	habremos hablado
vosotros	hablaréis	habréis hablado
ellos/Uds.	hablarán	habrán hablado
	Condicional simple	**Condicional compuesto**
yo	hablaría	habría hablado
tú	hablarías	habrías hablado
él/usted	hablaría	habría hablado
nosotros	hablaríamos	habríamos hablado
vosotros	hablaríais	habríais hablado
ellos/Uds.	hablarían	habrían hablado

SUBJUNTIVO

	FORMAS SIMPLES	FORMAS COMPUESTAS
	Presente	**Pretérito perfecto compuesto**
yo	hable	haya hablado
tú	hables	hayas hablado
él/usted	hable	haya hablado
nosotros	hablemos	hayamos hablado
vosotros	habléis	hayáis hablado
ellos/Uds.	hablen	hayan hablado
	Pretérito imperfecto	**Pretérito pluscuamperfecto**
yo	hablara o hablase	hubiera o hubiese hablado
tú	hablaras o hablases	hubieras o hubieses hablado
él/usted	hablara o hablase	hubiera o hubiese hablado
nosotros	habláramos o hablásemos	hubiéramos o hubiésemos hablado
vosotros	hablarais o hablaseis	hubierais o hubieseis hablado
ellos/Uds.	hablaran o hablasen	hubieran o hubiesen hablado
	Futuro simple	**Futuro compuesto**
yo	hablare	hubiere hablado
tú	hablares	hubieres hablado
él/usted	hablare	hubiere hablado
nosotros	habláremos	hubiéremos hablado
vosotros	hablareis	hubiereis hablado
ellos/Uds.	hablaren	hubieren hablado

IMPERATIVO

habla (tú)
hablad (vosotros, vosotras)

FORMAS NO PERSONALES

Infinitivo

hablar

Gerundio

hablando

Participio

hablado

Beber

VERBO REGULAR • 2ª CONJUGACIÓN

INDICATIVO

FORMAS SIMPLES / FORMAS COMPUESTAS

	Presente	Pretérito perfecto compuesto
yo	bebo	he bebido
tú	bebes	has bebido
él/usted	bebe	ha bebido
nosotros	bebemos	hemos bebido
vosotros	bebéis	habéis bebido
ellos/Uds.	beben	han bebido

	Pretérito imperfecto	Pretérito pluscuamperfecto
yo	bebía	había bebido
tú	bebías	habías bebido
él/usted	bebía	había bebido
nosotros	bebíamos	habíamos bebido
vosotros	bebíais	habíais bebido
ellos/Uds.	bebían	habían bebido

	Pretérito perfecto simple	Pretérito anterior
yo	bebí	hube bebido
tú	bebiste	hubiste bebido
él/usted	bebió	hubo bebido
nosotros	bebimos	hubimos bebido
vosotros	bebisteis	hubisteis bebido
ellos/Uds.	bebieron	hubieron bebido

	Futuro simple	Futuro compuesto
yo	beberé	habré bebido
tú	beberás	habrás bebido
él/usted	beberá	habrá bebido
nosotros	beberemos	habremos bebido
vosotros	beberéis	habréis bebido
ellos/Uds.	beberán	habrán bebido

	Condicional simple	Condicional compuesto
yo	bebería	habría bebido
tú	beberías	habrías bebido
él/usted	bebería	habría bebido
nosotros	beberíamos	habríamos bebido
vosotros	beberíais	habríais bebido
ellos/Uds.	beberían	habrían bebido

SUBJUNTIVO

FORMAS SIMPLES / FORMAS COMPUESTAS

Presente	Pretérito perfecto compuesto
beba	haya bebido
bebas	hayas bebido
beba	haya bebido
bebamos	hayamos bebido
bebáis	hayáis bebido
beban	hayan bebido

Pretérito imperfecto	Pretérito pluscuamperfecto
bebiera o bebiese	hubiera o hubiese bebido
bebieras o bebieses	hubieras o hubieses bebido
bebiera o bebiese	hubiera o hubiese bebido
bebiéramos o bebiésemos	hubiéramos o hubiésemos bebido
bebierais o bebieseis	hubierais o hubieseis bebido
bebieran o bebiesen	hubieran o hubiesen bebido

Futuro simple	Futuro compuesto
bebiere	hubiere bebido
bebieres	hubieres bebido
bebiere	hubiere bebido
bebiéremos	hubiéremos bebido
bebiereis	hubiereis bebido
bebieren	hubieren bebido

IMPERATIVO

bebe (tú)
bebed (vosotros, vosotras)

FORMAS NO PERSONALES

Infinitivo

beber

Gerundio

bebiendo

Participio

bebido

Vivir

VERBO REGULAR • 3ª CONJUGACIÓN

INDICATIVO

FORMAS SIMPLES / FORMAS COMPUESTAS

	Presente	Pretérito perfecto compuesto
yo	vivo	he vivido
tú	vives	has vivido
él/usted	vive	ha vivido
nosotros	vivimos	hemos vivido
vosotros	vivís	habéis vivido
ellos/Uds.	viven	han vivido

	Pretérito imperfecto	Pretérito pluscuamperfecto
yo	vivía	había vivido
tú	vivías	habías vivido
él/usted	vivía	había vivido
nosotros	vivíamos	habíamos vivido
vosotros	vivíais	habíais vivido
ellos/Uds.	vivían	habían vivido

	Pretérito perfecto simple	Pretérito anterior
yo	viví	hube vivido
tú	viviste	hubiste vivido
él/usted	vivió	hubo vivido
nosotros	vivimos	hubimos vivido
vosotros	vivisteis	hubisteis vivido
ellos/Uds.	vivieron	hubieron vivido

	Futuro simple	Futuro compuesto
yo	viviré	habré vivido
tú	vivirás	habrás vivido
él/usted	vivirá	habrá vivido
nosotros	viviremos	habremos vivido
vosotros	viviréis	habréis vivido
ellos/Uds.	vivirán	habrán vivido

	Condicional simple	Condicional compuesto
yo	viviría	habría vivido
tú	vivirías	habrías vivido
él/usted	viviría	habría vivido
nosotros	viviríamos	habríamos vivido
vosotros	viviríais	habríais vivido
ellos/Uds.	vivirían	habrían vivido

SUBJUNTIVO

FORMAS SIMPLES / FORMAS COMPUESTAS

	Presente	Pretérito perfecto compuesto
yo	viva	haya vivido
tú	vivas	hayas vivido
él/usted	viva	haya vivido
nosotros	vivamos	hayamos vivido
vosotros	viváis	hayáis vivido
ellos/Uds.	vivan	hayan vivido

	Pretérito imperfecto	Pretérito pluscuamperfecto
yo	viviera o viviese	hubiera o hubiese vivido
tú	vivieras o vivieses	hubieras o hubieses vivido
él/usted	viviera o viviese	hubiera o hubiese vivido
nosotros	viviéramos o viviésemos	hubiéramos o hubiésemos vivido
vosotros	vivierais o vivieseis	hubierais o hubieseis vivido
ellos/Uds.	vivieran o viviesen	hubieran o hubiesen vivido

	Futuro simple	Futuro compuesto
yo	viviere	hubiere vivido
tú	vivieres	hubieres vivido
él/usted	viviere	hubiere vivido
nosotros	viviéremos	hubiéremos vivido
vosotros	viviereis	hubiereis vivido
ellos/Uds.	vivieren	hubieren vivido

IMPERATIVO

vive (tú)
vivid (vosotros, vosotras)

FORMAS NO PERSONALES

Infinitivo

vivir

Gerundio

viviendo

Participio

vivido

Haber

VERBO IRREGULAR • 2ª CONJUGACIÓN

INDICATIVO

FORMAS SIMPLES / FORMAS COMPUESTAS

	Presente	Pretérito perfecto compuesto
yo	he	he habido
tú	has	has habido
él/usted	ha	ha habido
nosotros	hemos	hemos habido
vosotros	habéis	habéis habido
ellos/Uds.	han	han habido

	Pretérito imperfecto	Pretérito pluscuamperfecto
yo	había	había habido
tú	habías	habías habido
él/usted	había	había habido
nosotros	habíamos	habíamos habido
vosotros	habíais	habíais habido
ellos/Uds.	habían	habían habido

	Pretérito perfecto simple	Pretérito anterior
yo	hube	hube habido
tú	hubiste	hubiste habido
él/usted	hubo	hubo habido
nosotros	hubimos	hubimos habido
vosotros	hubisteis	hubisteis habido
ellos/Uds.	hubieron	hubieron habido

	Futuro simple	Futuro compuesto
yo	habré	habré habido
tú	habrás	habrás habido
él/usted	habrá	habrá habido
nosotros	habremos	habremos habido
vosotros	habréis	habréis habido
ellos/Uds.	habrán	habrán habido

	Condicional simple	Condicional compuesto
yo	habría	habría habido
tú	habrías	habrías habido
él/usted	habría	habría habido
nosotros	habríamos	habríamos habido
vosotros	habríais	habríais habido
ellos/Uds.	habrían	habrían habido

SUBJUNTIVO

FORMAS SIMPLES

	Presente	Pretérito imperfecto	Futuro simple
yo	haya	hubiera o hubiese	hubiere
tú	hayas	hubieras o hubieses	hubieres
él/usted	haya	hubiera o hubiese	hubiere
nosotros	hayamos	hubiéramos o hubiésemos	hubiéremos
vosotros	hayáis	hubierais o hubieseis	hubiereis
ellos/Uds.	hayan	hubieran o hubiesen	hubieren

IMPERATIVO

*he (tú)
*habed (vosotros, vosotras)
*Estas formas ya no se utilizan.

NOTA: En el presente de indicativo, el verbo **haber** tiene una forma especial: **hay**, que no tiene nunca sujeto. Por ejemplo, «*¿Hay manzanas?*».

FORMAS NO PERSONALES

Infinitivo

haber

Gerundio

habiendo

Participio

habido

Ser

VERBO IRREGULAR • 2ª CONJUGACIÓN

INDICATIVO

	FORMAS SIMPLES	FORMAS COMPUESTAS
	Presente	**Pretérito perfecto compuesto**
yo	soy	he sido
tú	eres	has sido
él/usted	es	ha sido
nosotros	somos	hemos sido
vosotros	sois	habéis sido
ellos/Uds.	son	han sido
	Pretérito imperfecto	**Pretérito pluscuamperfecto**
yo	era	había sido
tú	eras	habías sido
él/usted	era	había sido
nosotros	éramos	habíamos sido
vosotros	erais	habíais sido
ellos/Uds.	eran	habían sido
	Pretérito perfecto simple	**Pretérito anterior**
yo	fui	hube sido
tú	fuiste	hubiste sido
él/usted	fue	hubo sido
nosotros	fuimos	hubimos sido
vosotros	fuisteis	hubisteis sido
ellos/Uds.	fueron	hubieron sido
	Futuro simple	**Futuro compuesto**
yo	seré	habré sido
tú	serás	habrás sido
él/usted	será	habrá sido
nosotros	seremos	habremos sido
vosotros	seréis	habréis sido
ellos/Uds.	serán	habrán sido
	Condicional simple	**Condicional compuesto**
yo	sería	habría sido
tú	serías	habrías sido
él/usted	sería	habría sido
nosotros	seríamos	habríamos sido
vosotros	seríais	habríais sido
ellos/Uds.	serían	habrían sido

SUBJUNTIVO

	FORMAS SIMPLES	FORMAS COMPUESTAS
	Presente	**Pretérito perfecto compuesto**
yo	sea	haya sido
tú	seas	hayas sido
él/usted	sea	haya sido
nosotros	seamos	hayamos sido
vosotros	seáis	hayáis sido
ellos/Uds.	sean	hayan sido
	Pretérito imperfecto	**Pretérito pluscuamperfecto**
yo	fuera o fuese	hubiera o hubiese sido
tú	fueras o fueses	hubieras o hubieses sido
él/usted	fuera o fuese	hubiera o hubiese sido
nosotros	fuéramos o fuésemos	hubiéramos o hubiésemos sido
vosotros	fuerais o fueseis	hubierais o hubieseis sido
ellos/Uds.	fueran o fuesen	hubieran o hubiesen sido
	Futuro simple	**Futuro compuesto**
yo	fuere	hubiere sido
tú	fueres	hubieres sido
él/usted	fuere	hubiere sido
nosotros	fuéremos	hubiéremos sido
vosotros	fuereis	hubiereis sido
ellos/Uds.	fueren	hubieren sido

IMPERATIVO

sé (tú)
sed (vosotros, vosotras)

FORMAS NO PERSONALES

Infinitivo

ser

Gerundio

siendo

Participio

sido

Estar

VERBO IRREGULAR • 1ª CONJUGACIÓN

INDICATIVO

FORMAS SIMPLES / FORMAS COMPUESTAS

	Presente	Pretérito perfecto compuesto
yo	estoy	he estado
tú	estás	has estado
él/usted	está	ha estado
nosotros	estamos	hemos estado
vosotros	estáis	habéis estado
ellos/Uds.	están	han estado

	Pretérito imperfecto	Pretérito pluscuamperfecto
yo	estaba	había estado
tú	estabas	habías estado
él/usted	estaba	había estado
nosotros	estábamos	habíamos estado
vosotros	estabais	habíais estado
ellos/Uds.	estaban	habían estado

	Pretérito perfecto simple	Pretérito anterior
yo	estuve	hube estado
tú	estuviste	hubiste estado
él/usted	estuvo	hubo estado
nosotros	estuvimos	hubimos estado
vosotros	estuvisteis	hubisteis estado
ellos/Uds.	estuvieron	hubieron estado

	Futuro simple	Futuro compuesto
yo	estaré	habré estado
tú	estarás	habrás estado
él/usted	estará	habrá estado
nosotros	estaremos	habremos estado
vosotros	estaréis	habréis estado
ellos/Uds.	estarán	habrán estado

	Condicional simple	Condicional compuesto
yo	estaría	habría estado
tú	estarías	habrías estado
él/usted	estaría	habría estado
nosotros	estaríamos	habríamos estado
vosotros	estaríais	habríais estado
ellos/Uds.	estarían	habrían estado

SUBJUNTIVO

FORMAS SIMPLES / FORMAS COMPUESTAS

Presente	Pretérito perfecto compuesto
esté	haya estado
estés	hayas estado
esté	haya estado
estemos	hayamos estado
estéis	hayáis estado
estén	hayan estado

Pretérito imperfecto	Pretérito pluscuamperfecto
estuviera o estuviese	hubiera o hubiese estado
estuvieras o estuvieses	hubieras o hubieses estado
estuviera o estuviese	hubiera o hubiese estado
estuviéramos o estuviésemos	hubiéramos o hubiésemos estado
estuvierais o estuvieseis	hubierais o hubieseis estado
estuvieran o estuviesen	hubieran o hubiesen estado

Futuro simple	Futuro compuesto
estuviere	hubiere estado
estuvieres	hubieres estado
estuviere	hubiere estado
estuviéremos	hubiéremos estado
estuviereis	hubiereis estado
estuvieren	hubieren estado

IMPERATIVO

está (tú)
estad (vosotros, vosotras)

FORMAS NO PERSONALES

Infinitivo

estar

Gerundio

estando

Participio

estado

Andar

VERBO IRREGULAR • 1ª CONJUGACIÓN

INDICATIVO

FORMAS SIMPLES / FORMAS COMPUESTAS

	Presente	Pretérito perfecto compuesto
yo	ando	he andado
tú	andas	has andado
él/usted	anda	ha andado
nosotros	andamos	hemos andado
vosotros	andáis	habéis andado
ellos/Uds.	andan	han andado

	Pretérito imperfecto	Pretérito pluscuamperfecto
yo	andaba	había andado
tú	andabas	habías andado
él/usted	andaba	había andado
nosotros	andábamos	habíamos andado
vosotros	andabais	habíais andado
ellos/Uds.	andaban	habían andado

	Pretérito perfecto simple	Pretérito anterior
yo	anduve	hube andado
tú	anduviste	hubiste andado
él/usted	anduvo	hubo andado
nosotros	anduvimos	hubimos andado
vosotros	anduvisteis	hubisteis andado
ellos/Uds.	anduvieron	hubieron andado

	Futuro simple	Futuro compuesto
yo	andaré	habré andado
tú	andarás	habrás andado
él/usted	andará	habrá andado
nosotros	andaremos	habremos andado
vosotros	andaréis	habréis andado
ellos/Uds.	andarán	habrán andado

	Condicional simple	Condicional compuesto
yo	andaría	habría andado
tú	andarías	habrías andado
él/usted	andaría	habría andado
nosotros	andaríamos	habríamos andado
vosotros	andaríais	habríais andado
ellos/Uds.	andarían	habrían andado

SUBJUNTIVO

FORMAS SIMPLES / FORMAS COMPUESTAS

	Presente	Pretérito perfecto compuesto
yo	ande	haya andado
tú	andes	hayas andado
él/usted	ande	haya andado
nosotros	andemos	hayamos andado
vosotros	andéis	hayáis andado
ellos/Uds.	anden	hayan andado

	Pretérito imperfecto	Pretérito pluscuamperfecto
yo	anduviera o anduviese	hubiera o hubiese andado
tú	anduvieras o anduvieses	hubieras o hubieses andado
él/usted	anduviera o anduviese	hubiera o hubiese andado
nosotros	anduviéramos o anduviésemos	hubiéramos o hubiésemos andado
vosotros	anduvierais o anduvieseis	hubierais o hubieseis andado
ellos/Uds.	anduvieran o anduviesen	hubieran o hubiesen andado

	Futuro simple	Futuro compuesto
yo	anduviere	hubiere andado
tú	anduvieres	hubieres andado
él/usted	anduviere	hubiere andado
nosotros	anduviéremos	hubiéremos andado
vosotros	anduviereis	hubiereis andado
ellos/Uds.	anduvieren	hubieren andado

IMPERATIVO

anda (tú)
andad (vosotros, vosotras)

FORMAS NO PERSONALES

Infinitivo

andar

Gerundio

andando

Participio

andado

Caber

VERBO IRREGULAR • 2ª CONJUGACIÓN

INDICATIVO

	FORMAS SIMPLES	FORMAS COMPUESTAS
	Presente	**Pretérito perfecto compuesto**
yo	quepo	he cabido
tú	cabes	has cabido
él/usted	cabe	ha cabido
nosotros	cabemos	hemos cabido
vosotros	cabéis	habéis cabido
ellos/Uds.	caben	han cabido
	Pretérito imperfecto	**Pretérito pluscuamperfecto**
yo	cabía	había cabido
tú	cabías	habías cabido
él/usted	cabía	había cabido
nosotros	cabíamos	habíamos cabido
vosotros	cabíais	habíais cabido
ellos/Uds.	cabían	habían cabido
	Pretérito perfecto simple	**Pretérito anterior**
yo	cupe	hube cabido
tú	cupiste	hubiste cabido
él/usted	cupo	hubo cabido
nosotros	cupimos	hubimos cabido
vosotros	cupisteis	hubisteis cabido
ellos/Uds.	cupieron	hubieron cabido
	Futuro simple	**Futuro compuesto**
yo	cabré	habré cabido
tú	cabrás	habrás cabido
él/usted	cabrá	habrá cabido
nosotros	cabremos	habremos cabido
vosotros	cabréis	habréis cabido
ellos/Uds.	cabrán	habrán cabido
	Condicional simple	**Condicional compuesto**
yo	cabría	habría cabido
tú	cabrías	habrías cabido
él/usted	cabría	habría cabido
nosotros	cabríamos	habríamos cabido
vosotros	cabríais	habríais cabido
ellos/Uds.	cabrían	habrían cabido

SUBJUNTIVO

FORMAS SIMPLES	FORMAS COMPUESTAS
Presente	**Pretérito perfecto compuesto**
quepa	haya cabido
quepas	hayas cabido
quepa	haya cabido
quepamos	hayamos cabido
quepáis	hayáis cabido
quepan	hayan cabido
Pretérito imperfecto	**Pretérito pluscuamperfecto**
cupiera o cupiese	hubiera o hubiese cabido
cupieras o cupieses	hubieras o hubieses cabido
cupiera o cupiese	hubiera o hubiese cabido
cupiéramos o cupiésemos	hubiéramos o hubiésemos cabido
cupierais o cupieseis	hubierais o hubieseis cabido
cupieran o cupiesen	hubieran o hubiesen cabido
Futuro simple	**Futuro compuesto**
cupiere	hubiere cabido
cupieres	hubieres cabido
cupiere	hubiere cabido
cupiéremos	hubiéremos cabido
cupiereis	hubiereis cabido
cupieren	hubieren cabido

IMPERATIVO

cabe (tú)
cabed (vosotros, vosotras)

FORMAS NO PERSONALES

Infinitivo

caber

Gerundio

cabiendo

Participio

cabido

APRENDER ES CRECER es un proyecto educativo de Anaya Educación para el quinto curso de Educación Primaria.

En la realización de este libro han intervenido:

Edición:
Marga Fernández Montijano y Maite Vargas

Edición gráfica:
Mar Merino

Diseño de cubierta e interiores:
Miguel Ángel Pacheco y Javier Serrano

Ilustraciones:
Luisa Vera

Tratamiento infográfico del diseño:
Patricia Gómez y Verónica de la Sierra

Gráficos:
Departamento Gráfico de Anaya Educación

Maquetación:
Encarna Miranda

Fotografías:
Age Fotostock, Agencia EFE, Archivo Anaya: (Boé, O.; Canto, M.; Cosano, P.; Cruz, M.; Enríquez, S.; Hernández, B.; Lacey, T.; Lezama, D.; Martin, J.; Martín, J.A.; Ortega, Á.; Padura, S.; Rico, J.J.; Rivera Jove, V.; Ruiz, J.B.; Sánchez, J.; 6x6 Producción Fotográfica; Steel, M.; Valls, R.; Velasco, P.-Fototeca de España), Cordon/Corbis, ESA, Scala.

Agradecimientos:
Sara Barahona, Shiam Pajarón y Compañía Corrales de Comedias Teatro (Representación de «El médico a palos», Campaña de teatro clásico para estudiantes).

Corrección:
Miguel Ángel Alonso

Las normas ortográficas seguidas son las establecidas por la Real Academia Española en la *Ortografía de la lengua española*, publicada en el año 2010.

ISBN: 978-84-678-3292-1 - Depósito Legal: M-4868-2014 - Printed in Spain.

ET017981/1E3I - 8400032